PADRE
JERÔNIMO
GASQUES

Santa faustina
e os anjos

Edições Loyola

Preparação: Maria de Fátima Cavallaro
Capa: Ronaldo Hideo Inoue
Composição da foto de Santa Faustina Kowalska (© Wikimedia Commons) com as imagens de © Valeri Luzina, © velazquez e © pornchai sobre fundo de © Olga. © Adobe Stock.
Diagramação: Telma Custódio

Edições Loyola Jesuítas
Rua 1822 nº 341 – Ipiranga
04216-000 São Paulo, SP
T 55 11 3385 8500/8501, 2063 4275
editorial@loyola.com.br
vendas@loyola.com.br
www.loyola.com.br

Todos os direitos reservados. Nenhuma parte desta obra pode ser reproduzida ou transmitida por qualquer forma e/ou quaisquer meios (eletrônico ou mecânico, incluindo fotocópia e gravação) ou arquivada em qualquer sistema ou banco de dados sem permissão escrita da Editora.

ISBN 978-65-5504-288-7

2ª edição: 2023

© EDIÇÕES LOYOLA, São Paulo, Brasil, 2023
108842

Os Anjos são seres espirituais que servem a Deus. Deus envia anjos para transmitir mensagens importantes e ajudar e fortalecer os salvos nas batalhas espirituais. Em muitas situações de grande livramento, há anjos trabalhando por trás das cenas (<https://www.bibliaon.com/anjos/>, acesso em: 30 de ago. 2022).

Então veio dos céus uma voz: "Tu és o meu Filho bem-amado! Em ti encontro toda a minha satisfação". Logo depois, o Espírito o levou ao deserto. Ele ficou quarenta dias ali, sendo tentado por Satanás. Ele estava no meio de animais selvagens, e os anjos o serviam (Mc 1,11-13).

"Das criaturas nada espero, e convivo com elas na medida em que a necessidade o exige. [...] A minha convivência é com os Anjos" (Diário, 1200).

Sumário

Objetivo do livro 9

1. Um pouco sobre Santa Faustina 15

2. Quem são os Anjos 25
   - 2.1. Informações sobre os Anjos 29
   - 2.2. Os Anjos ajudam as pessoas? 34
   - 2.3. As ocupações dos Anjos 38
   - 2.4. Os Anjos na Sagrada Escritura 41
   - 2.5. Conclusão: o Anjo da Guarda 48

3. A catequese sobre os Anjos 53
   - 3.1. Os Anjos no Catecismo da Igreja Católica .. 60

4. Os Anjos na vida de Irmã Faustina 67
   - 4.1. O entender de Faustina sobre os Anjos 69
   - 4.2. Os demônios a atormentam 74
   - 4.3. A batalha espiritual 81

5. O pequeno devocional para Santa Faustina 91
   - 5.1. Quando fazer 92
   - 5.2. Onde praticar 93

5.3. O que fazer.. 94
    Ato de consagração do mundo à Divina Misericórdia...... 96
    Oração à Mãe da Misericórdia 96
    Pela intercessão de Santa Faustina............................... 96
    Pelas almas do purgatório 97
    Oração pela Igreja e pelos sacerdotes............................ 97
    Novas formas de devoção à Divina Misericórdia............ 98

Conclusão 101

Objetivo do livro

Encontramos, no Diário de Santa Faustina, pensamentos bastante simbólicos sobre os anjos. Os anjos, inicialmente, serão o assunto abordado neste livro. Nos textos de Santa Faustina vê-se muitas formas de conviver com o próprio Anjo da Guarda, permitindo a comunicação com ele. Os anjos eram tão próximos dela que pareciam ser amigos pessoais.

Observem o que ela narrou em seu Diário:

> Vi o Anjo da Guarda que me mandou acompanhá-lo. Imediatamente encontrei-me num lugar enevoado, cheio de fogo, e, dentro deste, uma multidão de almas sofredoras. Essas almas rezavam com muito fervor, mas sem resultado para si mesmas; apenas nós podemos ajudá-las. As chamas que as queimavam não me tocavam. O meu Anjo da Guarda não se afastava de mim nem por um momento.
> E perguntei a essas almas qual era o seu maior sofrimento. Responderam-me, unânimes, que o maior sofrimento delas era saudade de Deus. Vi Nossa Senhora que visitava as almas no Purgatório. As almas chamam a Maria "Estrela do Mar". Ela lhes traz alívio. Queria conversar mais com elas, mas o Anjo da Guarda fez-me sinal para sair. Saímos pela porta dessa prisão de sofrimento. [Ouvi então uma voz interior] que me dizia: a minha misericórdia não deseja isto, mas a justiça exige. A partir desse momento, me encontro mais unida às almas sofredoras (D. 20).

Vamos seguir esse caminho de encontro à reflexão sobre os anjos e o que Irmã Faustina pensava e sentia sobre essa experiência. Isso sem qualquer necessidade de questionar a veracidade do que era vivido por ela ou do modo como tais vivências se davam em seu conhecimento de Deus e da misericórdia. Não faremos questionamentos sobre as suas "visões" místicas. Aqui, vamos destacar a meditação sobre os anjos, pois o seu Diário é muito lido e podemos assumir que é um texto bastante popular.

O registro de suas experiências ficou gravado em cadernos (seis) de anotação que chamamos de Diário. Esse conjunto de cadernos será o livro-texto de exercício e de exploração do nosso tema. Este livro pretende ser, com isso, uma espécie de "enciclopédia" a respeito dos textos-anotações sobre os anjos. Aqui vamos nos abster de críticas ou de interpretações pessoais referentes às anotações que ela faz de suas experiências místicas com os anjos e sempre recorreremos às indicações presentes no Diário.

Nas anotações do Diário encontram-se os anjos bons, como auxiliares e intermediários, mas também os anjos maus (Satanás). Os Anjos bons tinham um lugar na vida de Jesus e na de Santa Faustina. Confessa ela: "A minha convivência é com os Anjos" (D. 1200). Assim, Deus os manda à vida de todos os homens: eles são "espíritos servidores, enviados a serviço daqueles que deverão herdar a salvação" (Hb 1,14), "e protegem cada ser humano" (CIC 352). A missão dos Anjos faz parte do plano da misericórdia de Deus em relação aos homens: para colaborar melhor com a sua misericórdia (cf. Titus Kieninger, ORC)[1].

---

[1] *Orientação ao leitor*: Existem algumas traduções do Diário de Santa Faustina. Seguiremos a tradução: *Diário – A misericórdia divina na minha vida*, Curitiba, Congregação dos Padres Marianos com o imprima-se de Dom Pedro Fedalto, em 30 de junho de 1982. A tradução aludida é da terceira edição polonesa de 1981. Nas anotações textuais do Diá-

A Irmã Faustina trata a experiência com anjos de forma bastante dinâmica, lúdica e coloquial. Os Anjos não são, para ela, tão somente cooperadores ou cuidadores; são essenciais em sua caminhada de discípula que aprende com eles; são auxiliares e ajudantes na tarefa de descobrir a misericórdia; são promotores da compaixão com olhar terno e cativante.

A sua experiência nos faz sentir o desejo de passar pelas mesmas vivências. Certamente é algo excepcional e inaudito. Contudo, existem muitos desvios na origem da catequese e da formação espiritual e este estudo sobre os anjos nos permite rever posições inadequadas a respeito disso.

Quando "estudamos" os anjos, com base nas Escrituras, pisamos em terreno firme e nos asseguramos de sua importância. Não podemos ficar "inventando" anjos, como alguns visionários fazem.

Embora a vida de Santa Faustina tenha sido totalmente concentrada no Senhor eucarístico e misericordioso, ela frequentemente recebeu ajuda dos Santos anjos e descreveu sua vida como em comunhão com eles.

Serão três os nossos objetivos neste livro. O primeiro consiste em remeter às Escrituras para confirmarmos, nelas, o desejo do plano de Deus; o segundo fundamenta-se em irmos às fontes do Diário de Santa Faustina para encontrarmos os diálogos intermitentes e sentirmos, com ela, a maneira como anotava as monções que constantemente recebia. E, terceiro, expor uma proposta de pastoral-catequese-espiritualidade.

---

rio vamos anotar a abreviatura (D.) em seguida, o número do texto. Está aqui o primeiro exemplo: (D. 1200). Nas citações, vamos adotar o substantivo "anjo" sempre em maiúsculo (Anjo) como, em geral, aparece no Diário e suas derivações. No entanto, na Bíblia raramente é tomado no maiúsculo. O Pe. Titus Kieninger escreveu pela Editora Apostolado da Divina Misericórdia (Paulus), *Os anjos no diário de Santa Faustina*, 2012, 132 páginas.

Não pretendemos apenas buscar no Diário os diálogos com os anjos, mas oferecer ao leitor algumas orientações no sentido de entender a importância da presença deles na caminhada da vida cristã.

A espiritualidade com os anjos faz parte de um caminho místico como o que foi feito por Santa Faustina. O devoto vai beber, em seu Diário, as monções sobre os anjos. Ali se encontram conselhos, apelos e orientações para o devocional.

Existem muitos desvios na espiritualidade centrada na devoção aos anjos. É necessário normalizar essa experiência, pois eles são nossos cooperadores e distintos caminhantes. Por isso é importante buscar, no Diário, um referencial amadurecido para a espiritualidade cristã. Dentro dessa proposta, mais difícil, com certeza, é mirar na experiência dos anjos e apenas crer.

Esses caminhos nos dão o alicerce para a "devoção" aos santos anjos. Temos certeza de que, diante desta leitura, os devotos de Santa Faustina se sentirão mais reforçados em sua espiritualidade, considerando que o Diário é um rico material sobre angeologia ou angelologia (A doutrina dos anjos é, fundamentalmente, o estudo dos "ministros" da providência de Deus).

Sabemos que o estudo sobre Anjos é cheio de altos e baixos, não é de fácil compreensão, além de requisitar fé na revelação divina. A linha entre a revelação e os apócrifos é bastante tênue. Facilmente tendemos a oscilar para o desvio da doutrina. As mídias digitais estão repletas de novidades a respeito dos anjos.

O leitor encontrará, nas mídias, uma infinidade de sites propondo encontros com os anjos. O termo "anjo" tornou-se abrangente demais, sendo atribuído a negócios de sucesso, namoros virtuais, amigos em comum, apoio a empreendedores, nome de empresas etc. O anjo poderá ser até mesmo um empresário ou executivo que tem experiência acumulada em uma carreira de sucesso e deseja passar essa sabedoria a outros.

A ideia sobre anjos ficou tão banal e disforme que observamos, em acampamentos, os líderes escolherem "anjos" para rezar pelos afilhados! Cada campista recebe um "anjo" que ele nem imagina quem seja. Embora seja uma forma bonita de manifestação, assim desvirtuamos a importância da presença desses seres angelicais.

Nosso livro trabalhará quatro pontos. 1º: Um pouco sobre a vida de Santa Faustina. Vamos conhecer sua história para avaliar suas intenções e caminhada na fé cristã como religiosa. Isso nos dá segurança e experiência no trato com os Anjos. 2º: Vamos nos perguntar quem são os anjos, esses seres espirituais que veneramos, dos quais tanto se fala, e a sua presença nas escrituras sagradas. 3º: Um pouco de catequese sobre os anjos. Precisamos de formação. É preciso ter cuidado em relação ao que fala sobre os anjos. Vivemos um tempo de livre pensamento em que todos oferecem informações alternativas sobre eles. E 4º: Uma modesta leitura sobre os anjos no Diário de Santa Faustina, o básico para o nosso livro.

Vamos retirar do Diário alguns diálogos de Santa Faustina com seu Anjo da Guarda e apresentá-los aos seus leitores e admiradores. No final do livro, trazemos um capítulo bastante particular, mas, em seu decurso, os anjos vão aparecendo aos poucos nas reflexões. Vamos inserindo algumas experiências para facilitar a leitura e ajudar na aproximação ao tema.

Entre os textos, na presença inequívoca dos anjos, surge também a de Satanás como aquele anjo que estava presente no caminho de Santa Faustina de forma a anuviar sua experiência com a divina misericórdia. Escritos sobre Satanás aparecem várias vezes, contudo, o nosso objetivo não é de dar destaque a essa figura angélica.

Este livro está centrado na reflexão sobre os anjos. Não faremos um trabalho exaustivo a esse respeito, pois seriam necessárias centenas de páginas para rememorar as transcrições no Diário. Essa proposta sobre os anjos é a nossa feição e sugestão, pois sabemos que milhares de devotos leem o Diário e, para muitos, fica difícil a compreensão sobre eles. Faremos apanhados de forma pedagógica, tentando interpretar e situar a "revelação" de forma pastoral (na espiritualidade).

Importa, também, interpretar, pois Santa Faustina era uma religiosa. A grande maioria de seus devotos é leiga e, provavelmente, nunca teve experiências místicas. O Diário, escrito em forma de memórias, refere-se aos últimos quatro anos de vida de Irmã Faustina. Apresenta a imagem da união de sua alma com Deus e a profundidade de sua vida espiritual.

O Senhor concedeu a Irmã Faustina grandes graças: o dom da contemplação, o profundo conhecimento do mistério da misericórdia divina, as visões, as revelações, os estigmas ocultos, o dom de profetizar e de ler as almas humanas, bem como o dom, raramente encontrado, dos esponsais místicos (ver Introdução ao Diário).

Enfim, caro leitor, nem tudo eram flores na vida de Santa Faustina. Certa vez, se queixando, escreveu: "Oh, como sinto estar no exílio! E observo que ninguém compreende a minha vida interior. Só vós me entendeis, vós que estais oculto no meu coração e eternamente vivo" (D. 1141).

Vamos então apresentar a nossos leitores o melhor de Santa Faustina no que se refere aos anjos.

Sejam bem-vindos aos anjos de Irmã Faustina!

1
Um pouco sobre Santa Faustina

Falemos um pouco sobre Santa Faustina, apenas mencionando alguns dados para o conhecimento do leitor. O cristianismo do século XX testemunhou uma mudança acelerada, viu o levantamento de grupos liberais e conservadores, assim como uma secularização geral da sociedade ocidental. Deus, nesse tempo de clamor, levantou aquela humilde religiosa para acalentar a espiritualidade dos corações.

A pergunta que fica é: por que, em pleno século XX, surge essa religiosa polonesa e com insistência lhe é pedido que se estabeleça a devoção à Divina Misericórdia? Lembra-nos Dom Santiago Oliveira: "em sua Misericórdia, quer que todos se salvem – mas a única condição é a mudança de coração; o homem necessita reconhecer os pecados e com profundo arrependimento voltar-se para Deus e afastar-se do mal" (Santa Faustina Kowalska – *O rosto da misericórdia*, 19).

A santa Irmã Maria Faustina Kowalska nasceu no dia 25 de agosto de 1905 e faleceu em 1938, com apenas 33 anos. Sua cidade natal era Glogowiec, na Polônia e seu nome de batismo era Helena Kowalska[1].

Helena recebeu o hábito e o nome de Irmã Maria Faustina em 1926. Daí em diante muitas coisas começaram a mudar na vida dessa serva fiel. Na sua profunda espiritualidade, começou a receber monções: visões espirituais, o dom da revelação, os estigmas interiores, o dom da profecia e do discernimento e o dom dos esponsais místicos: "Ó meu Jesus, vós sabeis que desde os meus mais tenros anos eu desejava tornar-me uma grande santa, isto é, desejava amar-vos com um amor tão grande com que até então nenhuma alma vos tinha amado" (D. 1372).

Ela ficou mundialmente conhecida por ter sido apóstola e promotora da misericórdia de Deus. E, segundo muitos teólogos, é considerada uma pessoa que faz parte de um grupo de notáveis místicos da Igreja. Só foi reconhecida muito tempo depois de sua morte. Vivera uma vida de simplicidade, de caridade e de obediência a tudo e a todas as irmãs do seu convento.

Desde pequena desejava ser santa. Irmã Faustina frequentou a escola por apenas 3 anos em sua infância devido a dificuldades dos pais. No livro "O Diário de Santa Faustina", ela conta que aos 7 anos já tinha sentido o chamado para a vida conventual. Num dos trechos ela diz:

> ...eu senti a graça à vida religiosa desde os sete anos de vida. Com essa idade, ouvi pela primeira vez a voz de Deus na alma,

---

[1] Gasques, J., *Santa Faustina: a mística da misericórdia*, Editora Santuário, 2021, 120 páginas. "Não estaremos fazendo uma biografia acabada da Santa, mas anotando aspectos importantes de sua vida. Certamente conhecemos assoberbadamente a sua história, que nos tem preenchido com a ideia da misericórdia" (Introdução).

ou seja, o convite para uma vida mais perfeita, mas nem sempre fui obediente à voz da graça. Não encontrei ninguém que me pudesse explicar essas coisas (D. 7 e cf. nº 9).

Pelo visto, a sua vida religiosa começou cedo: desde aos sete anos de idade! O seu chamado vai se plenificando e se purificando à medida que os anos passam e se aproximam algumas crises de identidade, algo comum para qualquer jovem. O desejo de se consagrar totalmente a Deus lhe acompanhava, mas, perante as dificuldades, Faustina desiste da ideia por um tempo.

Entrega-se, então, à "vaidade da vida", aos "passatempos", como anos depois escreveria em seu Diário. Era uma vida que desabrochava, mas encontrava alguns entraves de aceitação no trabalho conventual. Não preenchia as exigências necessárias para a admissão. Teria de esperar mais tempo. Como jovem, aceitara aquilo com resignação natural, mas o chamado é recapitular...

Inicialmente, tudo lhe pareceu difícil. O acesso à vida religiosa, naquele tempo, era muito mais complicado que nos dias atuais. Havia a necessidade de um dote, uma espécie de poupança antecipada. Se a família não tinha o valor necessário, recorria ao papa ou tinha de esperar o tempo da graça. O dote da religiosa assegurava uma vida consagrada à religião, transformando-se numa fonte de rendimento e, simultaneamente, de sustento para o convento ou mosteiro. Podia ser constituído por dinheiro ou outros bens.

A vida religiosa exigia um corte com a realidade exterior e, especialmente, com a família, adotando-se uma nova família. Isso era difícil para uma jovem cheia de desejos, sonhos, de conquistas e projetos! A candidata era obrigada a esquecer a individualidade e passar a viver uma vida em comunidade; as religiosas cortavam o contato com o mundo exterior quando entravam no convento; eram confrontadas com a necessidade de usar um hábito; eram careadas a se despojar de seus bens e a cumprir o rigor das regras do convento. Restava a proposta de uma vida de santidade.

O convento era um lugar de cobiça de muitas jovens, mas ali entravam com todos os desejos, sonhos e tentações do mundo, o que as atraía também. Levavam para o convento alguns traços de sua personalidade. O nome era alterado, mas continuavam pecadoras como sempre. As tentações eram iminentes. Faustina era filha de seu tempo.

O Concílio de Trento trouxe à clausura o isolamento das irmãs, das monjas e a renovação dos conventos. O convento local, onde Faustina pretendia entrar, seguia as normas disciplinares rígidas. Ela perambulou em busca de paz e de reconciliação com seu desejo de consagração. Seu caminho parecia íngreme demais.

Na maioria dos mosteiros, as portas, as grades e o parlatório constituíam a férrea vida conventual marcada com as horas canônicas e o trabalho interno e externo com o objetivo de evitar o ócio e aproveitar o tempo com orações pessoais e comunitárias. Pouco descanso e hora para dormir. Muito trabalho, inclusive, para manter a instituição e evitar a ocasião de pecado.

Em 1920 e 1922 a jovem pediu permissão para entrar no convento, mas os pais recusaram por não possuírem recursos para dar a ela o dote necessário, estavam mergulhados em dívidas e, acima de tudo, eram muito ligados à filha. Entretanto, a graça supõe a natureza, diz Tomás de Aquino.

Os propósitos de Deus são lentos, mas contínuos. Ela também soube entender esses desígnios. Não teve pressa. Passou por algumas aventuras, mas o seu coração estava guardado para Deus.

A jovem Faustina não se estressou, mas reclamou: "Até quando hei de ter paciência contigo e até quando tu me desiludirás?" (D. 9). Decidiu, então, entrar num convento. Bateu em várias portas, até ser acolhida no dia 1º de agosto de 1925 na clausura do convento da Congregação das Irmãs de Nossa Senhora da Misericórdia, em Varsóvia. No seu Diário consta esse caminhar transcrito de modo conciso (cf. D. 10-17).

Jesus lhe mostrou algumas portas e ela seguiu guiada por sua intuição. Certa feita, a Irmã superiora, animada com a visita de Jesus na vida de sua vocacionada, exclamou de forma eufórica: "Se o Senhor te aceitou, eu também te aceitarei" (D. 14b).

Muito feliz, ela afirma: "Esta foi a minha admissão" (D. 15).

Embora tudo pudesse estar tranquilo, seu coração era inquieto e insatisfeito; ela procurava algo diferente, pois sua insatisfação a fazia reticente. Insatisfeita, foi tentada a deixar aquela comunidade várias vezes, mas Jesus lhe apareceu e exortou: "Chamei-te para este e não para outro lugar e preparei muitas graças para ti" (D. 19).

Assim a porta do convento se abriu para ela e isso era um sonho realizado. Em 1º de agosto de 1925, Faustina atravessou, cheia de alegria, o umbral do convento. Após três semanas, já não se achava tão contente, pois percebeu que havia pouco tempo para as orações visto que os trabalhos domésticos ocupavam algum tempo das religiosas.

Tudo poderia estar mais tranquilo em sua vida, pois não era aquilo o que ela buscava com tanta ansiedade? Não. Faustina começou a achar que devia ingressar em uma congregação mais rigorosa. Sua alma estava angustiada e perturbada. Esperava mais sacrifício e vida de oração. "Depois de três semanas, percebi que havia pouco tempo para a oração" (D. 18).

O desejo de encontrar uma ordem mais rígida foi um grande dilema em sua vida. Procurou informações com a superiora, na oração e pedindo a Jesus que lhe auxiliasse na decisão. Tudo parecia em vão. Inquieta, foi à capela, entrou na cela para descansar, mas não conseguia. Aflita, "lança-se ao chão e começa a rezar para conhecer a vontade de Deus" (cf. D. 19). Teve uma visão de Jesus chorando. Grandes lágrimas escorriam de seu rosto e caíam sobre seu leito. Jesus lhe disse: "Tu me infligirás muita dor se saíres desta Congregação! Chamei-te para este e não para outro lugar e preparei muitas graças para ti" (D. 19).

Procurou a confissão e, passados uns dias, Faustina caiu doente. Foi para Varsóvia para a recuperação junto com duas outras irmãs (D. 20). Esse é o momento em que aparece, pela primeira vez, a ação de seu Anjo da Guarda (idem 20b). Isso ocorre de três formas: 1. o Anjo lhe acompanha até o purgatório; 2. o Anjo lhe pede para não se afastar dele e informa que o maior sofrimento daquelas almas era a saudade de Deus e 3. o Anjo lhe pede para sair daquele lugar, e saem "pela porta dessa prisão de sofrimento... a minha misericórdia não deseja isto, mas a justiça o exige" (idem).

Em resumo: depois de dois anos, em 30 de abril de 1928, Irmã Maria Faustina fez os votos temporários. Foi enviada para Varsóvia e trabalhou na cozinha das irmãs e das alunas. No ano de 1931 foi enviada ao convento da cidade de Plock onde permaneceu até 1932. Em 1933 regressou à casa de Cracóvia, em 1º de maio fez a profissão perpétua. Poucos dias depois, Irmã Faustina foi enviada à cidade de Vilna onde permaneceu por três anos. Esse período foi bastante importante em sua vida espiritual, pois foi quando encontrou seu mentor espiritual, Pe. Miguel Sopocko, confessor do convento, que a ajudou no desenvolvimento do culto da "Divina Misericórdia", juntamente com a superiora do convento. Nesse interim, Faustina pintou o quadro de Jesus Misericordioso.

Em 11 de maio de 1936 ela regressou à Cracóvia. Sua saúde, já enfraquecida desde 1932, decaiu até o ponto de não mais poder executar suas tarefas. Em 5 de outubro de 1938, Irmã Faustina abandonou aquela terra, com a vista cravada no crucifixo, tranquila, sem queixas.

A misericórdia a alcançava constantemente. Ela seria a promotora dessa dimensão divina. O mundo carece de misericórdia e de uma discípula fiel que fizesse as vezes de Deus como "secretária" da divina misericórdia. Ela foi um instrumento missionário do poder curador de Deus.

> Ó Misericórdia divina insondável e inesgotável, quem vos poderá venerar e glorificar dignamente? Atributo máximo de Deus onipotente, sois a doce esperança para o homem pecador (D. 951).

Nas suas revelações foi recebendo recados de Deus a respeito dessa espiritualidade. Em seu Diário, há o registro desses feitos e intimações do Senhor à sua serva e a afirmação da necessidade de se formar um relicário devocional a respeito da Divina Misericórdia.

A devoção se concretiza através de algumas afirmações de espiritualidade: a veneração da imagem-quadro de Jesus na Divina Misericórdia, a hora da Divina Misericórdia (D. 1320), a oração do terço, a contemplação das três horas da tarde, a festa da Misericórdia. A mensagem transmitida à Santa Faustina, aos poucos, espalhou-se pelo mundo inteiro, contando com o grande apoio do papa João Paulo II, que publicou a Encíclica sobre "A Divina Misericórdia" (*Dives in Misericordia*, 30 de novembro de 1980).

Os anjos, assunto deste livro, foram companheiros inseparáveis de Irmã Faustina, seus companheiros diuturnos e com presença manifesta das formas mais variadas. Estão nas suas viagens, no convento, no trabalho diário do mosteiro, nos momentos de tentação e nas madrugadas, auxiliando-a na oração.

Em seu Diário, ela escreveu: "Tenho uma grande devoção por São Miguel Arcanjo. Ele não tinha um exemplo no cumprimento da vontade de Deus, e, no entanto, cumpriu fielmente os desejos de Deus" (D. 667).

No seu Diário, se destacam os Anjos da Guarda. Na maioria das vezes, confundimos anjos com os arcanjos. Mais à frente apresentaremos a distinção[2].

Enfim, "A Santa Irmã Faustina Kowalska", como defendeu Titus Kieninger, "é uma dessas almas que o Senhor purificou e preparou por fortíssimos sofrimentos e provações para o cumprimento fiel de sua vontade. Ela tornou-se instrumento de seu amor e missionária da divina Misericórdia: 'Ouvi na alma estas palavras, clara e fortemente: prepararás o mundo para a minha última vinda. Como a própria Santa foi bem provada em sua vida, assim o serão também os promotores desta missão após ela'" (cf. *Os Anjos no Diário de Santa Maria Faustina*, 117).

Santa Faustina foi um modelo de mulher provada em todos os sentidos. Desde o âmbito espiritual às dificuldades e incompreensões no convento e no convívio com as demais irmãs. Tudo isso foi uma escola de misericórdia para ela. Aprendeu a superar proble-

---

[2] Gasques, J., *Anjos: Deus cuida de nós,* Paulus, cf. páginas 32ss: O trabalho dos Anjos. Aqui anotamos as diferenças que devemos compreender nas diversas funções dos Anjos, Arcanjos, Querubins e Serafins.

mas; esperou pela misericórdia e invocou a bondade dos anjos que a protegiam de diversas maneiras.

Irmã Faustina morreu aos 33 anos de idade, depois de desempenhar, em sua congregação, os ofícios mais simples e de ter vivido uma vida mística extraordinariamente rica. Sua herança espiritual nos ficou documentada no Diário que escreveu: "Diário, a Divina Misericórdia em minha alma".

Faustina soube esperar pelo tempo de perceber que a graça sempre agiu nela, uma serva fiel. Nunca perdeu a calma diante das tribulações que sofreu, inclusive dentro do convento. Nunca cedeu ao seu temperamento agitado.

João Paulo II disse, na homilia de canonização da santa, em 30 de abril de 2003: "Aos tristes e abatidos se apresenta o rosto doce de Cristo e até eles chegam os raios de luz que partem de seu coração e iluminam, aquecem, assinalam o caminho e infundem esperança".

Que Santa Faustina rogue por todos os seus devotos e que os anjos, que a acompanharam, sejam profundamente presentes entre seus devotos. Seja para nós uma chama de esperança em meio às dificuldades e que a misericórdia nos alcance no declinar do dia.

2

Quem são os Anjos

Quando tentamos falar sobre os anjos, surgem muitas ideias a respeito deles, cada pessoa se arriscando a dar sua opinião. Existem aqueles que falam dos anjos como seres corriqueiros e, outros, como algo muito importante para a vida cristã. Outros ainda fazem várias especulações sobre eles, são os curiosos que procuram provas "materiais" para explicar os anjos.

Nesse processo é fácil observar a confusão entre as expressões "anjos" e "arcanjos" como se fossem a mesma coisa (cf. nota 2, capítulo 1). Mais adiante faremos a devida anotação para entender a diferença nesse trato com a espiritualidade. As religiões são pequenas gavetas que se encaixam no armário da fé; quando se misturam, não servem para todos os espaços.

Com o advento dos movimentos da Nova Era, da cartomancia, dos movimentos místicos, do esoterismo, da cabala (72 anjos) e outros de livre pensamento, no que se refere à fé cristã, é certo que devemos entender que muitas religiões têm seus anjos. Aqui, não falaremos sobre todos esses tipos de anjos, mas centraremos a atenção no Diário de Santa Faustina.

A forma de entender os Anjos, neste livro, tem tudo que ver com a tradição cristã e com a revelação. Essa distinção é importante. Em virtude de seus corpos celestiais, os Anjos são invisíveis aos olhos dos homens, mas podem aparecer em visões e sonhos (Dn 4,13 e Gn 28,10-12).

Para Faustina, aparentemente surgem em forma humana, dando a entender que é essa sua forma: "...surgiu diante de mim a clara e luminosa figura do Anjo da Guarda..." (D. 419) e "No dia de São Miguel Arcanjo, vi esse guia perto de mim..." (D. 706).

O findar do século XX e o início do século XXI trouxeram uma enormidade de livros pensadores voltados a temas que seriam mais restritos à fé ou à religião propriamente ditas. Em todo o caso, nos interessa o pensamento de Santa Faustina como objetivo do nosso livro. Importa aqui fazermos ou apresentarmos uma modesta revisão sobre a ideia que temos a respeito dos anjos. Em quais fontes estamos bebendo das informações?

Santa Faustina tinha um olhar peculiar sobre os anjos e como eles se comportavam consigo, a sua relação com eles era de estrita adequação à sua religiosidade. Não criou uma "tese" sobre os anjos e não estava interessada em descrever minúcias ou definir quem seriam os anjos. Para ela, eles eram companheiros próximos na sua caminhada.

Apareciam de forma natural e por vezes quando, no apuro, os invocava para sua proteção. Em seus escritos, Santa Faustina nos fornece preciosas indicações sobre as relações existentes entre os anjos e o mistério da Divina Misericórdia, tanto no que diz respeito à origem dos anjos, quanto à resposta dessas criaturas espirituais ao Deus de misericórdia, no céu e na terra.

Explicitamente, escreve Santa Faustina: "Todos os Anjos e homens saíram das entranhas da vossa misericórdia" (D. 651) e completa: "A misericórdia é a flor do amor. Deus é amor..." (idem). Pois "em vossa insondável misericórdia criastes os espíritos angélicos e os admitistes ao vosso amor, à vossa divina intimidade" (D. 1741). Depois dessas revelações, seguem muitos versos de louvor e adoração.

Ela narra algumas experiências sobre seu Anjo da Guarda: "...eles estavam envoltos por uma luz que era mais pálida do que a do espírito que estava me acompanhando na viagem, cada um desses espíritos que estava guardando as igrejas inclinava a cabeça para o espírito que estava perto de mim" (cf. D. 471: "espírito de grande beleza", completa).

Então, sem rodeios: quem são os anjos? Podemos dizer algo sobre eles sob dois pontos: a Bíblia e a teologia. A religiosidade, em geral, não responde e define a sua existência ou modo de existir; muitos acabam dando uma interpretação pessoal sobre os Anjos. Os devotos desse caminho apenas convivem com a experiência relacionada aos Anjos.

No Diário de Santa Faustina, a missão dos anjos faz parte do plano da misericórdia de Deus para com os homens, no sentido de colaborar melhor com a sua misericórdia. Eles estão presentes para aperfeiçoar a tarefa iniciada por Faustina. Ela vai carregar esse "fardo" durante toda a vida. Vai pedir a Deus a proteção e o auxílio dos santos Anjos.

A Bíblia não diz de forma detalhada como são os anjos, mas indica que eles são seres invisíveis que, eventualmente, podem se manifestar de forma visível. Para aqueles que não acreditam na revelação divina, fica difícil o entendimento a partir dessa perspectiva.

Os anjos são criaturas que têm mais poder e habilidades do que os seres humanos (cf. 2Pd 2,11). Eles vivem no domínio espiritual, que é um nível de existência acima do universo físico. A Bíblia chama esse domínio de céu (cf. 1Rs 8,27; Jo 6,38). Por isso, eles podem ser chamados também de espíritos (cf. 1Rs 22,21; Sl 18,10).

A falta de orientação e de catequese certamente tem contribuído para esse mar de ideias soltas e sem sentido sobre os anjos. Vamos, aqui, anotar algumas ideias que achamos importantes sobre esses seres espirituais nos quais acreditamos por nossa fé[1].

Encontramos, nas Escrituras, o propósito divino sobre a sua origem. De forma bastante resumida, apreciemos as indicações a seguir:

- Os anjos foram criados para dar glória, honra e ações de graças a Deus.
- Os anjos foram criados para adorar a Cristo (Hb 1,6).
- Foram criados para cumprir os propósitos de Deus.
- O arcanjo significa proteção de Israel (Dn 12,1).
- A luta contra Satanás (Jd 9; Ap 12,7).
- Ele anuncia a vinda de Cristo (1Ts 4,16).
- Os Querubins guardam o trono de Deus (Ez 10,1-4).
- Os Serafins se preocupam com a adoração a Deus perante o seu santo trono (Is 6,2-7).

---

[1] Gasques, J., *Anjos: Deus cuida de nós*, Paulus, 2013, 100 páginas. "Os anjos são nossos aliados nesse lamaçal de crise e misticismo. Apela-se a eles de forma descomunal. Atraem seus adeptos e criam, a cada geração, novos anjos a serviço dos homens..." (Quarta capa). Esse livro completa muito bem o que escrevemos sobre Santa Faustina e os anjos. Trabalhamos em duas vias: falamos um pouco sobre os Anjos de forma geral e, em relação a Santa Faustina, observamos o seu pensamento transcrito no Diário.

- Os anjos: foram criados para dar glória, honra e ações de graça a Deus; foram criados para adorar a Cristo (Hb 1,6); e para cumprir os propósitos de Deus.
- Os arcanjos: significando proteção de Israel (Dn 12,1); a luta contra Satanás (Jd 9; Ap 12,7); quem anuncia a vinda de Cristo (1Ts 4,16).
- Os querubins: guardam o trono de Deus (Ez 10,1-4).
- Os serafins: se preocupam com a adoração a Deus perante o seu santo trono (Is 6,2-7).
- E, de forma geral: as diferentes ordens de anjos assistem a Deus em sua obra soberana (Cl 1,16; 2,10; Ef 1,21; 3,10).

Fica, em meio a isso tudo, a pergunta: existem anjos bons e anjos maus? Sim, a Bíblia afirma que existem anjos bons e anjos maus. Porém, é importante saber que, originalmente, Deus criou todos os anjos bons. A Bíblia diz que Deus viu toda sua obra criadora e era tudo muito bom (Gn 1,31). Porém, nem todos os anjos mantiveram sua posição original (cf. Jo 8,4; 2Pd 2,4; Jd 6).

Será que Jesus tinha um anjo? Essa é uma pergunta muito recorrente. No Getsêmani um anjo o consola e Santo Tomás assim reflete: "O conforto recebido do Anjo não se deu como instrução, mas para manifestar a veracidade de sua natureza humana" (*Suma Teológica III*, q. 12, a. 4, ad 1).

2.1. Informações sobre os Anjos

Vamos colocar de lado o Diário de Irmã Faustina por uns instantes para trazer algumas informações sobre os anjos. Assim teremos um conhecimento mais completo sobre eles. Não podemos ter uma visão satisfatória da revelação dos anjos se não entendemos quem eles são.

A palavra "anjo" vem do hebraico *Malak*, e do grego *Angelus*. *Malak*, originariamente, significa "sombra de Deus"; *Angelus* significa "missão ou serviço". Podem ser referidos como mensageiros celestes para os humanos. Isso nos coloca em alerta em relação a que estamos falando ao nos referir aos "seres celestes". São Jerônimo apela a uma distinção importante. Para ele, o vocábulo *Nuntio* é mensageiro (humano) e *Angelus* se refere a seres espirituais (divinos). Assim fica mais fácil a distinção.

A respeito dos anjos, São Gregório Magno explica:

> A palavra "anjo" se refere a uma função, não a uma natureza. Na verdade, aqueles santos espíritos da pátria celeste são sempre espíritos, mas nem sempre podem ser chamados de anjos. São anjos somente quando exercem a função de mensageiros [...]. E os que transmitem mensagens de maior transcendência chamam-se arcanjos.

De forma resumida, citaremos alguns textos para a fixação da pauta sobre os anjos. Podemos nos perguntar o porquê desse procedimento, considerando que no Diário de Santa Faustina não encontramos citações de textos bíblicos quando há referências aos anjos.

As atuações angélicas mais pontuais, no Novo Testamento, se dão nos relatos da infância de Jesus. O anjo avisa José, em sonho, sobre o nascimento do menino (Mt 1,20), a fuga para o Egito (Mt 2,13) e o retorno (Mt 2,19).

O anjo mantém a característica de mensageiro que vimos já no AT (Antigo Testamento) e teremos a atuação do Arcanjo Gabriel, que é o Anjo da anunciação: é ele quem fala com Zacarias do nascimento de João Batista (Lc 1,11ss) e a Maria do nascimento de Jesus (Lc 1,26ss); e teremos, ainda, o anúncio de um anjo aos pastores (Lc 2,9ss), a quem depois se junta "uma multidão do exército celeste cantando..." (v. 13).

Os anjos assistem Jesus contra as tentações (Mt 4,11; Mc 1,13); um anjo o conforta em sua agonia (Lc 22,43); na ressurreição (Mt 28,2; Lc 24,23; Jo 20,12). Os anjos também são ministros do juízo de Deus na parusia: reúnem os pecadores para o julgamento (Mt 13,41.49), acompanham o Filho do Homem em sua vinda (Mt 16,27; Mc 8,38; Lc 9,26), reúnem os eleitos (Mt 24,31; Mc 13,27)[2].

Abrindo um parêntese, podemos indagar também sobre as representações do Diabo, ou de Satanás, especialmente as do século XV. A Bíblia é comedida ao se referir a ele apenas como "ser de luz". Porém, as representações o fizeram vermelho escarlate, ente maléfico com cabeça, boca aberta, garras, aspecto devorador, orelhas pontudas, asas de morcego e com chifre; algo horrendo, para intimidar. Lúcifer, no entanto, é representado de forma bela, como o anjo rebelde expulso do céu por Deus. Essas representações são, em sua maioria, consequências da Idade Média[3].

Em uma biblioteca histórica na cidade de Tréveris, atualmente Alemanha, há um manuscrito feito, provavelmente, entre os anos 800 e 825 com o texto do livro bíblico do Apocalipse, total-

---

[2] Cf. *Dicionário bíblico*, John Mckenzie (org.), 46.

[3] A figura do Diabo foi construída ao longo do tempo e é influenciada por várias heranças, indo desde concepções pagãs até diversas manifestações da cultura judaico-cristã, provenientes de tratados, sermões, escritos apócrifos, bíblicos, hagiográficos e visões do além-túmulo. O opositor de Deus está relacionado a monstros e a animais (cão, serpente, dragão etc.) e também com a cavidade do corpo, a boca, ligada a um animal desproporcional, ao abismo e ao fogo (Zierer, Adriana M. de S., *Antítese*, v. 9, n. 17, 12-35, jan./jun. 2016, 28).

mente ilustrado com iluminuras. "Uma gravura mostra a luta do Arcanjo Miguel contra os anjos rebeldes. Nessa gravura, há dois grupos de anjos: os rebeldes e os que permaneceram fiéis a Deus. O interessante é que não há nenhuma distinção entre ambos os grupos, apenas a posição de cada um no quadro"[4].

As insinuações demoníacas, no Diário de Santa Faustina, são bastante fortes. Sabemos, todavia, que existe certa distância entre a Revelação divina e as manifestações místicas de alguns santos. Temos que compreender que são monções e não leituras bíblicas. A Revelação diz que Satanás será enviado ao inferno, mas sem qualquer status especial e sofrendo as mesmas torturas que os demais pecadores. Os horrores do inferno refletem a situação do século XIII.

Observem este texto de Santa Faustina:

> Em determinado momento, vi Satanás, que se apressava e procurava alguém entre as Irmãs, mas não encontrava. Senti na alma a inspiração de lhe ordenar, em nome de Deus, que me confessasse o que estava procurando entre as Irmãs. E confessou, embora de má vontade: "Estou procurando almas ociosas". Então, novamente ordenei, em nome de Deus, que me dissesse a que almas têm mais acesso no convento e, outra vez confessou-me, de má vontade: "As almas preguiçosas e ociosas". Notei então que, de fato, não há tal gênero de almas nesta casa. Alegrem-se as almas atarefadas e cansadas (D. 1127).

Apenas notem que a relação de Santa Faustina não é com o inferno, mas ocorre apenas no diálogo. Satanás é alguém que con-

---

[4] Cf. <https://www.bbc.com/portuguese/geral-45108192>, acesso em: 1 set. 2022.

versa com o seu opositor, no caso, Santa Faustina. Mas esse não é o nosso assunto, trata-se apenas do esclarecimento de uma dúvida.

No mundo da cultura, há teólogos que dedicaram a vida a debater sobre anjos; poetas que os evocam em suas composições artísticas e artistas que os retratam. Cada um apresentando os anjos de acordo com a sua concepção. Na Idade Média, era comum apresentar os anjos como bebês gordinhos, alados e fofinhos que encantavam a todos (cf. arte barroca e rococó). Assim observamos a reflexão e a meditação sobre os anjos. É sempre bom indicar e conhecer esses meandros da cultura e da fé.

Quem não admiraria as elegias de Rainer Maria Rilke:

> Se eu gritar, quem poderá ouvir-me nas hierarquias dos Anjos? E, se até algum Anjo de súbito me levasse para junto do seu coração: eu sucumbiria perante a sua natureza mais potente. Pois o belo apenas é o começo do terrível, que só a custo podemos suportar, e se tanto o admiramos é porque ele, impassível, desdenha destruir-nos. Todo Anjo é terrível (cf. *I Elegia*).

Os anjos são os aliados da resistência. Tal como aconteceu com Jacó (cf. Gn 32,24-33), gloriosos e ameaçadores, eles desafiam o ser humano para um combate mortal do qual quase saem vitoriosos; enquanto o homem, longe de derrotado, surge mais engrandecido. E o texto de Gênesis 32,22-30 relata a luta dramática de Jacó com o Anjo, que levaria ao surgimento do povo de Israel, bem como ao aparecimento do Messias e sua consequente obra salvadora que alcançou toda a humanidade.

Certamente todos, ou quase todos, acreditam nos anjos! Em Gênesis se diz: "No princípio Deus criou o céu e a terra. A terra, porém, estava informe e vazia, e as trevas cobriam o Abismo, mas o Espírito de Deus pairava por sobre as águas" (Gn 1,1-2).

Uma curiosidade: diz-se que "a terra estava informe e vazia", mas não os céus. Certamente se entende que o Senhor já havia criado os seres espirituais. Algo deve ter acontecido na terra para ser descrita dessa forma, mas o texto bíblico nada diz para confirmar nossa "teoria".

Algo frequentemente questionado é a origem dos anjos. Os anjos foram criados muito tempo antes da criação da terra. Quando Deus criou a terra, os anjos "deram gritos de louvor", lembrando-nos do piedoso Jó (cf. Jó 38,4-7).

2.2. Os Anjos ajudam as pessoas?

Sim, Deus se utiliza dos anjos fiéis para ajudar as pessoas hoje. Embora a vida de Santa Faustina tenha sido totalmente concentrada no Senhor eucarístico e misericordioso, ela frequentemente recebeu ajuda dos santos anjos e descreveu sua vida como sendo em comunhão com eles.

No trato específico sobre os anjos deve-se entender e distinguir as chamadas "revelações" para indicar a sua origem em Deus tendo em conta, porém, que são "pessoais", para lembrar a não obrigatoriedade de todos os fiéis a aderirem a elas. Essa é a nossa abordagem do Diário de Santa Faustina.

Santa Faustina foi uma dessas mulheres preparadas por Deus para divulgar e manifestar a sua misericórdia e infundir nos devotos essa necessidade de reconciliação.

Vamos verificar alguns textos bíblicos que nos orientam nessa reflexão. Podemos anotar quatro ações auxiliares dos santos Anjos. Vejamos:

1º) Os anjos ajudam na direção dos negócios das nações (Dn 10,5-6; 10,14).

2º) Eles protegem e acompanham sempre o povo de Deus (Sl 34,7; 91,11).

3º) Eles registram todas as ações humanas (Ecl 5,6; Ml 3,16).

4º) São testemunhas no juízo do tribunal celestial (Dn 7,10). Os Anjos acompanharão a Jesus em sua volta e reunirão os seus escolhidos (Mt 24,31).

Outros textos complementares:

- Deus usa anjos para orientar seus servos na pregação das boas notícias do Reino de Deus (Ap 14,6-7). Essa orientação faz bem tanto a quem prega quanto a quem escuta as boas notícias (At 8,26-27).

- Os anjos ajudam a manter a comunidade livre da influência de pessoas ruins (Mt 13,49).

- Os anjos guiam e protegem quem é fiel a Deus (Sl 34,7; 91,10-11; Hb 1,7.14).

- Os anjos logo vão trazer alívio para as pessoas. Eles vão lutar junto com Jesus para acabar com a maldade (2Ts 1,6-8).

- Quando Javé destruiu as cidades de Sodoma e Gomorra, ele empregou Anjos para ajudar Ló e sua família a fugir dali (Gn 19,1; 15-26).

- Na Babilônia, quando três jovens hebreus foram jogados na fornalha ardente, Deus "enviou o seu Anjo" e salvou os três (Dn 3,19-28).

- Depois que Daniel, um servo fiel de Deus, passou a noite numa cova de leões, ele disse que tinha sobrevivido porque "Deus enviou seu Anjo e fechou a boca dos leões" (Dn 6,16-22).

Como os Anjos podem nos ajudar?

Eles são poderosas criaturas espirituais a serviço de Deus, que às vezes eram enviadas para orientar e proteger o povo dele na terra (cf. Sl 91,10-11). Hoje, os anjos ajudam as pessoas que querem conhecer a Deus a entrar em contato com as boas novas que os seguidores de Jesus pregam (cf. Ap 14,6-7). São protetores-guias dos pregadores e, certamente, não dispensam a ação do Espírito Santo como elemento prioritário na dinâmica evangélica.

> Como podem os anjos estarem longe, quando nos foram dados por Deus para ajudar-nos? Eles não se apartam de nós, embora aquele que é assaltado pelas tentações pense que estão longe (Santo Ambrósio).

Não temos como provar se Deus ainda se utiliza dos anjos para ajudar as pessoas da mesma maneira que fazia nos tempos bíblicos. Naquele tempo, a ação deles era facilmente perceptível, como nos narra o evangelho e as Escrituras em geral. São Basílio Magno (330-379) diz que "cada fiel tem a seu lado um Anjo protetor e pastor para guiá-lo na vida". A grande regra de vida de São Basílio Magno era amar a Deus, ajudar ao próximo e levar os outros a ajudar os pobres e os necessitados[5].

Faustina conta a experiência que teve com um anjo: "Então ouvi o cântico de um Anjo, que interpretou toda a minha vida, tudo o que ela contém. Fiquei surpreendida, mas isso também me deu forças" (D. 1202).

---

[5] Cf. *Ad Eunomium* 3-1; PG 29,656b.

Esta é uma bela confirmação da fé nos santos Anjos que cuidam da vida dos homens. São Paulo menciona os Anjos como testemunhas da vida humana: "Diante de Deus, de Cristo Jesus e dos santos anjos, peço-te religiosamente que obedeças a estas ordens, sem preconceito, nem favoritismo" (1Tm 5,21; cf. Jo 16,7-11).

Conhecemos muitos casos reais provando que os anjos estão orientando o trabalho de ensino da Bíblia que está sendo feito no mundo todo. As atividades da Igreja no que toca à catequese, à evangelização etc. são expressões da atuação dos anjos entre nós. E, mesmo quando apenas uma pessoa se arrepende das coisas erradas que fez e decide servir a Deus, "é por isso que haverá alegria entre os anjos" (Lc 15,10).

É certo que tudo isso é possível graças à experiência de Deus com cada fiel cristão. A nossa relação com Deus determina nosso encanto pelos anjos. Eles aqui estão, mas exigem de nós uma proximidade com Deus no sentido de que são companheiros de jornada. Os anjos, na vida de Santa Faustina, eram companheiros inseparáveis.

Na maioria das vezes temos a impressão de que os Anjos nos auxiliam em momentos que regem o "tempo espiritual", mas não, eles estão em ação em todo e qualquer tempo da história individual ou coletiva. Assim fica melhor o entendimento sobre os Anjos, como ocorria com Faustina.

Está no Antigo Testamento:

> Vou enviar um anjo diante de ti, para que te guarde pelo caminho e te conduza ao lugar que eu preparei. Toma cuidado na sua presença, e escuta a sua voz. Não te revoltes contra ele, pois não perdoará vossas transgressões: nele está meu nome! Se escutares atentamente a sua voz e fizeres tudo o que eu te disser, serei ini-

migo dos teus inimigos e adversário dos teus adversários. E meu Anjo caminhará diante de ti [...] (Ex 23,20-23).

Com base nessas palavras presentes na Bíblia, a Igreja elaborou a oração do Anjo da Guarda: "Anjo de Deus, que és o meu protetor, ilumina-me, protege-me, oriente-me, governa-me, a mim que te fui confiado pela piedade celeste. Amém!"[6]

O Papa Francisco recordou esta ocorrência com a seguinte saudação:

> Acorramos aos Anjos frequentemente na oração, para que nos socorram em todas as situações de nossa vida e nos ajudem a manter o olhar fixo em Jesus, nossa única salvação (*Ângelus*, 2.20.20).

2.3. As ocupações dos Anjos

Nunca é demais recordar que os anjos têm se tornado assunto de grande interesse neste início de século, de tal modo que muitas pessoas têm se apresentado como especialistas na arte de explicá-los, recomendá-los, invocá-los e apresentá-los como defensores incondicionais da raça humana.

Nosso interesse neste livro apenas observa isso, mas não nos embrenhamos nessa reflexão. Nosso destino é o Diário de Santa Faustina. Estamos apresentando apenas algumas instruções para não chegarmos ao Diário de forma crua no que se refere ao conhecimento sobre os Anjos.

O que os anjos fazem? Vamos, de forma breve, indicar o que a Bíblia nos orienta sobre a ocupação deles. Além da Bíblia e da teo-

---

[6] Cf. <https://formacao.cancaonova.com/diversos/como-agem-os-anjos/>, acesso em: 1 set. 2022.

logia, nada temos a acrescentar sobre os anjos, assim evitamos um "achismo" desnecessário.

Os anjos atuam de várias maneiras:

- Enaltecem a Deus – estão na presença de Deus e exaltam constantemente sua glória (Sl 148,1-2) com um lindo canto de glorificação a Deus Senhor e criador.

- Transmitem mensagens de Deus – "anjo" significa "mensageiro"; a Bíblia relata que Deus enviou anjos para transmitir mensagens importantes a algumas pessoas (Lc 2,8-11). Os anjos envolvem os pastores de luz (v. 9).

- São guerreiros – os anjos lutam contra os demônios e as forças aliadas ao diabo, ajudando o povo de Deus a resistir a seus ataques (Ap 12,7-8).

- Ajudam os salvos – os anjos ajudam a dar força ao cristão nas lutas espirituais (Ex 23,20; Mt 18,10).

- Protegem os filhos de Deus – conforme a vontade de Deus, são ordenados a guardar e livrar os cristãos (Sl 91,11-12).

- Trazem conforto e consolo – "Anjos cozinheiros" – Os Anjos são espíritos ordenadores ("soldados obedientes") que executam os propósitos de Deus – confortaram e alimentaram o profeta Elias (1Rs 19,5-8) quando estava sendo perseguido pela rainha Jezabel e também a Jesus, depois de um longo período de jejum e tentação no deserto (Mt 4,11).

- Realizam milagres – alguns Anjos, na Bíblia, atuaram milagrosamente para ajudar certas pessoas (At 12,7-10). Pedro foi protegido e ordenado a se libertar das correntes da prisão.

- Trazem castigos – os Anjos obedecem a Deus e executam o julgamento divino (Mt 13,41-42). A explicação da parábola do joio (cf. Mt 13,36-43)[7].

O nascimento de Jesus foi anunciado a Maria por um arcanjo. Os anjos estão vinculados a eventos especiais da vida de Jesus Cristo. O Novo Testamento atesta essa defesa angelical na vida de Jesus. Vamos conferir alguns textos:

- *Na concepção de Jesus* – Mateus 1,20-21 e Lucas 1,26-28. O Arcanjo Gabriel foi o enviado especial à Maria com uma proposta divina.
- *O nascimento milagroso de Cristo* – Lucas 2,9-12. Foi recepcionado por um coral angélico.
- *Protegeram Jesus na infância* – Mateus 2,13. Na ida ao Egito como rota de fuga com José e Maria.
- *Confortaram-no depois da tentação no deserto* – Mateus 4,11. Vieram confortar Jesus na sua angústia e paixão.
- *Sua ressurreição* – Mateus 28,2-6. Os Anjos se postaram diante do túmulo de Jesus para dar a certificação e notícia.
- *A ascensão de Jesus ao céu* – Atos 1,10-11. Dois Anjos apareceram e anunciaram que Jesus voltará uma segunda vez à terra.
- *Na segunda vinda de Jesus* – Mateus 25,31. Em um sermão profético anuncia que um dia voltará com seus Anjos para o julgamento[8].

Observamos, enfim, que os anjos têm uma relação estrita com Deus. Eles não são autônomos e saem por aí aparecendo e agindo em nome próprio. Há dependência. Hoje, vemos muitos "divulga-

---

[7] Cf. <https://www.respostas.com.br/anjos-existem/>, acesso em: 1 set. 2022.
[8] Idem.

dores de anjos" lidando com eles da maneira como querem, outros que os invocam a seu serviço.

Os anjos são criaturas fascinantes, mas não independentes a ponto de agir por conta própria. Na invocação dos anjos, a autorização da ação dependerá da permissão divina para que ela ocorra. O mesmo acontece em relação aos anjos maus. Com isso em vista, colocamos limites no entendimento e não deixamos os anjos "soltos" para tomarem decisões de acordo com seu bel-prazer ou baseados em interesses escusos!

Deve-se ter cuidado com certos visionários, que dizem ver anjos em vários ambientes internos da Igreja. A ação dos anjos não é restrita ao ambiente religioso ou litúrgico. Eles agem de acordo com a vontade de Deus e não em convênio com a vontade do visionário/vidente. A maioria desses visionários tende a direcionar a ação dos Anjos de acordo com "suas" circunstâncias e interesses.

Nem em Santa Faustina se encontrava essa atitude de vontade solta/particular ou por interesse. Os Anjos, no caso de Faustina, eram bem precisos e agiam em momentos de carência fundamentais para completar ou fechar um quadro que se abria como um buraco.

2.4. Os Anjos na Sagrada Escritura

Estamos fazendo catequese no sentido de falar dos anjos e da necessidade de conhecê-los antes de abordarmos o Diário de Santa Faustina propriamente dito. Ela fala dos Anjos e os invoca em certos momentos de tensão e quando a situação se torna incontrolável; mas o devoto precisa saber algo sobre os anjos para não ficar vislumbrado em demasia.

Muitos entram nessa trilha e depois não sabem como sair dela. Nada mais constrangedor à fé que achar que se acredita em algo sem saber o que seja. Claro que não falamos em "prova científica" sobre anjos. Movemo-nos no campo da fé e a razão nos fornece algumas informações. Santa Faustina não fazia questionamentos racionais sobre os anjos que ela recebia em revelação.

Sem noções elementares sobre os Anjos, sua função e atuação, não é confortável ler e meditar com o Diário de Santa Faustina. Ela mesma, no passado, teve algumas dúvidas sobre esses encontros com os "seus" anjos.

Vamos, de forma resumida, apreciar mais alguns textos do Antigo Testamento. Em geral, já abordamos muitos deles no Novo Testamento. Eles são mais próximos da nossa mentalidade cristã que os textos do Antigo Testamento.

Os anjos no Antigo Testamento demonstram uma pequena busca por aproximação.

Sem delongas. Tobias e Daniel (por volta do ano 200 a.C.) são os livros mais ricos do Antigo Testamento no que se refere aos anjos, são os mais emblemáticos também. Ali encontramos anjos que comunicam ao homem mensagens ou revelações da parte de Deus. Esses Anjos são sempre criaturas de Deus, subordinados a ele. Não são seres divinos, mesmo sendo seres celestiais e não têm a liberdade de agir por conta própria ou para agradar seus interlocutores.

O monoteísmo (crença em apenas um único Deus) de Israel é absoluto nessa época. De acordo com um autor,

> Os Anjos são enviados, pois, aos homens como mensageiros (Dn 14,33), os ajudam e protegem (Dn 3,49; 2Mc 11,6), apresentam

a Deus as orações dos homens e intercedem por eles (Tb 12,15). Cada pessoa tem um Anjo da guarda (Dn 10,13-20). Disse o Senhor Deus no Antigo Testamento: "Vou enviar um Anjo diante de ti, para que ele te guarde pelo caminho [...]. Toma cuidado na sua presença, e escuta a sua voz" (Ex 23,20-21)[9].

Pelo que vemos, esses textos parecem mais próximos de nós. Somos devedores da tradição do Antigo Testamento. Da natureza dos anjos não nos é dito nada. Em geral eles são simplesmente considerados como concretizadores de sua missão.

No processo de pesquisa da angelologia, os anjos são conhecidos pelo nome próprio. No Antigo Testamento temos o nome de três anjos: Rafael, no livro de Tobias; Miguel e Gabriel, no livro de Daniel. É preciso indicar que esses três nomes podem ser traduzidos e eles nos dão uma pista sobre seu significado. De acordo com Paulo Gaefke:

- *Rafael* significa "Deus cura", e essa é a missão que o Anjo desempenha no livro de Tobias: cura o ancião Tobias de sua cegueira e livra Sara das armadilhas do demônio Asmodeus[10].
- *Miguel* significa "quem como Deus?" É o Anjo protetor de Israel e comanda os exércitos celestiais em sua luta contra as forças do mal. Combate contra a opressão do poder político absoluto que intenta ocupar o lugar de Deus (cf. Dn 12).

---

[9] *Dicionário de Mística*, vários autores, Paulus/Loyola, 2003. No verbete *Anjos*, páginas 61-67 encontra-se um bom tratado sobre eles. O texto lembra a psicanálise, a metáfora dos Anjos da Guarda, a moral, o sonho nos evangelhos e a mística propriamente ditos. Os Anjos, na relação com José, sempre aparecem em "sonhos" (Mt 2,13). O mesmo se repete com os magos (Mt 2,12). Enfim: "O Anjo parece intervir para ajudar a resolver uma emergência, mas ao mesmo tempo não interfere na liberdade e na responsabilidade individual" (65b).

[10] Por sua intervenção, Deus premia com a felicidade aquela família de justos sobre quem então havia caído uma desgraça (cf. Tb 5 e 6).

- *Gabriel*, que significa "força de Deus", é o Anjo que revela a Daniel o momento em que terá lugar o fim do mal e o começo da justiça perfeita que só a força de Deus fará possível (Dn 8 e 9).

Seus próprios nomes, que sempre inclui Deus, indicam o que são. Nos escritos intertestamentários a presença e a atuação dos Anjos será multiplicada.

Algumas citações sobre os anjos no Antigo Testamento:

- "E tendo expulsado o homem pôs [Javé] diante do jardim do Éden os Querubins, e a chama da espada vibrante, para guardar o caminho da árvore da vida" (Gn 3,24).

- "Chegaram os dois Anjos a Sodoma, quando Lot estava assentado às portas da cidade. E ele, tendo-os visto, levantou-se, e foi ao seu encontro, e prostrou-se por terra, e disse: 'Vinde, vos peço, senhores, para casa de vosso servo, e ficai nela; lavai os vossos pés, e pela manhã, continuareis o vosso caminho'. E eles disseram: 'Não, nós ficaremos na praça'" [...] (Gn 19,1-2).

- "Eis que eu enviarei o meu Anjo, que vá adiante de ti, e te guarde pelo caminho, e te introduza no lugar que preparei. Respeita-o, houve a sua voz, e vê que não o desprezes; porque ele não te perdoará, se pecares, e o meu nome está nele. Se ouvires a sua voz, e fizeres tudo o que te digo, eu serei inimigo dos teus inimigos, e afligirei os que te afligem" (Ex 23,20-22).

- "Anjos do Senhor, bendizei o Senhor; louvai-o e exaltai-o por todos os séculos" (Dn 3,58)[11].

---

[11] Cf. <https://www.pensador.com/frase>, acesso em: 1 set. 2022.

Aqui faremos uma pequena pausa para refletir sobre os chamados "anjos bons" e "anjos maus" (entre aspas, apenas para distinção).

Os anjos bons eram descritos como seres alados (com asas), voadores, segundo: Dn 6,22; Dn 9,21; Ap 14,6; Sl 91; Sl 91,11. Também são chamados de "anjos eleitos" (1Tm 5,21).

Os Anjos maus, os rebeldes e opositores a Deus, Demônio e Satanás (cf. os textos: Zc 3,1; Aprisionados: Jd 6; 2Pd 2,4; Demônios: Dt 32,17; Sl 106,37; Lv 17,7. Muitos nomes são dados aos Anjos maus na Bíblia: Diabo [Ap 20,2] Abadom/Apolion/Belzebu/Belial/Maligno/Adversário/Serpente/Acusador/Enganador/Homicida/Pai da mentira/Sedutor/Caluniador/Tentador). Depois, alguns padres lhes deram outros nomes: o encardido, por exemplo.

Na literatura, Machado de Assis (1839-1908) caprichou na descrição:

> Sim, sou o Diabo, repetia ele; não o Diabo das noites sulfúreas, dos contos soníferos, terror das crianças, mas o Diabo verdadeiro e único, o próprio gênio da natureza, a que se deu aquele nome para arredá-lo do coração dos homens. Vede-me gentil e airoso. Sou o vosso verdadeiro pai. Vamos lá: tomai daquele nome, inventado para meu desdouro, fazei dele um troféu e um lábaro, e eu vos darei tudo, tudo, tudo, tudo, tudo, tudo... ("A igreja do diabo" – conto).

Esse modo de apresentar o Diabo não é verdadeiro. Ele foi "elaborado" no final da Idade Média, em virtude da interpretação da peste negra, que assolava as populações. A falta de relação científica levava a ver, na força da natureza (a peste), a ação demoníaca. No romantismo, entretanto, já se brincava com o Diabo, e Goethe cria sua obra literária mais célebre, *Fausto*.

Víamos na pandemia de Covid-19, em 2020, por exemplo, muitos atribuindo ao demônio aquela força destruidora. Uma leitura ingênua poderia levar a essa situação de desconforto. Situações de adversidades e pecados são atribuídos ao demônio como o tentador das fraquezas humanas.

> No Novo Testamento seus nomes aparecem em cada uma de suas páginas e o número de referências sobre eles iguala aquelas dadas na antiga dispensação. Foi seu privilégio anunciar a Zacarias e a Maria o esplendor da Redenção, e aos pastores o grande acontecimento[12].

De acordo com Pe. Rubens Miraglia Zani, "Nos escritos do Novo Testamento ainda é mais patente a presença dos anjos que, de certo modo, fazem as vezes de cortesãos e arautos do Reino de Deus, trazidos à terra por Jesus Cristo"[13].

Manifestação de Anjos nos Evangelhos: Mateus 1,20: "...o anjo do Senhor lhe apareceu em sonho e disse". Lucas 1,11: "Então um anjo do Senhor lhe apareceu, de pé, à direita do altar do incenso". Lucas 2,9: "Um anjo do Senhor lhes apareceu e a glória do Senhor os envolveu em luz".

> O Senhor Jesus, em seus discursos, fala dos anjos com autoridade [...]. Ele descreve suas vidas no céu (Mt 22,30; Lc 20,36); nos diz como se formam a seu redor para protegê-lo e que com uma palavra sua atacariam seus inimigos (Mt 26,53); um deles teve o privilégio de atendê-lo no momento de sua agonia quando suou sangue. Mais de uma vez, fala sobre eles como auxiliares e executores do Juízo Final (Mt 16,27), o qual eles prepararão

---

[12] Ibidem.
[13] Zani, R. M., *Revista de Cultura Teológica*, v. 15, n. 59, abr./jun. 2007, 143.

(Mt 13,39-49); e, por último, eles dão um alegre testemunho de sua triunfante Ressurreição (Mt 28,2)[14].

Um Anjo liberta os apóstolos da prisão, dirige Filipe, aparece a Pedro em um sonho e o liberta da prisão, fere Herodes, aparece a Paulo em um sonho (At 5,19; 8,26; 10,3; 12,7; 12,23; 27,23). Uma vez que eles aparecem vestidos de branco, eles são tão deslumbrantes na aparência a ponto de amedrontar os que lhes veem por isso eles começam a sua mensagem com as palavras "Não temais" (Mt 28,2-5)[15].

Os anjos aparecem no curso da história do povo escolhido como mensageiros de Deus, como guias; como quem anuncia a lei de Deus; em outra ocasião prefiguram o Redentor, cuja missão divina ajudam a fortalecer.

Os anjos conversam com os profetas, com Davi e Elias, com Daniel e Zacarias; acabam com as hostes acantonadas para atacar Israel, servem como guias aos servos de Deus, e o último profeta, Malaquias, leva um nome de importância especial: "o Anjo de Javé". Parece resumir no mesmo nome o anterior "ministério realizado pelas mãos dos Anjos", como se Deus, com eles, recordasse as antigas glórias do Êxodo e do Sinai.

Nos tempos mais remotos da história de Israel, o povo ameaçava cair no politeísmo, daí a sobriedade dos livros mais antigos sobre o assunto. Todavia, no decorrer dos séculos, essa ameaça foi cedendo a uma noção cada vez mais profunda da transcendência de Deus, de modo que os escritores bíblicos e extrabíblicos (apócrifos) foram mais e mais falando de Anjos[16].

---

[14] Cf. <https://www.pensador.com/frase>, acesso em: 1 set. 2022.
[15] Cf. <https://bibliotecabiblica.blogspot.com/2009/11/anjos-no-novo-testamento.html>.
[16] Cf. na obra *História de Israel* de John Bright aparecem essas nuances. Paulus, 2004.

2.5. Conclusão: o Anjo da Guarda

Podemos falar em Anjo da Guarda de forma pessoal? Iremos retomar algumas linhas sobre esse tema. As pessoas ficam muito confusas, a falta de uma catequese madura distorce a doutrina e a maioria dos cristãos acaba defendendo ideias inadequadas a respeito dos anjos[17].

O que entendemos é: "os Anjos bons são ministros de Deus para a glória do Criador e a salvação dos homens. Desde os primeiros séculos, os cristãos creem que cada ser humano tem seu anjo da guarda; isso estaria insinuado em Mt 18,10"[18]. O cuidado, aqui, seria ficar especulando o momento em que recebemos nosso Anjo da Guarda (no nascimento, no batismo ou em outro momento).

Muita curiosidade pode levar à ilusão de se desejar conhecer, passo a passo, a ação dos santos Anjos. A nós deve bastar aquilo que a Igreja afirma como doutrina do catecismo e nada mais. Quando "ouvimos" demais nos escapa a fé amadurecida e aquilo que a Igreja confirma; nesse momento, sejamos sensatos. A religião não combina com curiosidades da fé. Veja 1 Coríntios 3,1-2: Paulo estava falando de pessoas que ainda não tinham alcançado a maturidade espiritual e eram como "crianças" na sua fé.

Talvez a maior confusão seja achar que temos um anjo particular a nos proteger de forma manifesta. Eles estão aí para nos desviar das más ações que podemos cometer. Seria uma espécie de "robozi-

---

[17] Aqui apenas informamos a relação da Igreja sobre a "preocupação" a respeito dos Anjos. O quanto foi afirmado pela Igreja no Concílio Lateranense IV (1215) quando, pela primeira vez, um Concílio Ecumênico se ocupou do assunto (a existência dos anjos como seres espirituais, sejam eles bons, sejam eles maus), ainda que a Tradição e a Teologia se tenham pronunciado muitas vezes nos séculos anteriores ao Concílio, sendo que o tema foi depois retomado pelo Concílio Vaticano I (na Constituição *De Fide Catholica*).

[18] Cf. <https://domvob.wordpress.com/tag/diabo/page/7/>.

nho" a nos guiar. Por esse viés já estamos desabonando os anjos. É curioso, também, que a proteção dos Anjos seja sempre atribuída às crianças. Sobra muito pouco aos adultos![19]

A doutrina da Igreja é clara, como observado por Pe. Luizinho[20], "Anjos da Guarda: desde o início até a morte, a vida humana é cercada por sua proteção e por sua intercessão. Cada fiel é ladeado por um Anjo como protetor e pastor para conduzi-lo à vida. Ainda aqui na terra, a vida cristã participa na fé da sociedade bem-aventurada dos Anjos e dos homens unidos em Deus" (Catecismo, CIC 336).

Pelo visto já se entende que ele não é pessoal, no sentido de propriedade particular, de modo que o devoto pode "usá-lo" como quiser e condicioná-lo a ser o "seu anjo", de forma a instruí-lo na defesa pessoal; não é também um anjo que Deus nos dá, como presente, ao nascermos.

Essa experiência tem que ver com a graça atual do cristão. Não seria correto afirmar que "temos" um anjo a nos guardar/guiar e viver no pecado. O que parece é que a maioria das pessoas acaba forçando algo que não é definido pelas Escrituras e nem apresentado pela Igreja. São Gregório disse que o anjo seria "certo companheiro divino, condutor e guarda benéfico".

---

[19] Anjo da Guarda ou Custódio, tal é o nome atribuído ao Anjo que Deus dá a cada homem para protegê-lo. É doutrina comum que Deus "designa" um Anjo para proteger cada pessoa desde o momento do seu nascimento (Santo Agostinho). A Igreja não definiu esta doutrina como de fé; no entanto, está baseada nas Sagradas Escrituras (Sl 90,11; Mt 19,10; At 12,15). E, na tradição católica, o Papa São Clemente X aprovou a tradicional devoção aos Anjos da Guarda estabelecendo no dia 2 de outubro uma festa em sua honra a ser celebrada por toda a Igreja ocidental. Também as Igrejas orientais têm devoção e culto aos Anjos, nomeadamente aos Arcanjos Miguel, Gabriel e Rafael, assim como aos Anjos da Guarda.

[20] Cf. <https://blog.cancaonova.com/padreluizinho/tag/anjo-da-guarda/>.

A religiosidade popular tem colaborado com esse sistema de crença que não faz sentido. Forçar a presença dos Anjos em situações de conflito nem sempre é sadio para a fé. Ouvimos muitos testemunhos de acidentes, por exemplo, em que a pessoa diz ser resgatada por um anjo. Não negamos o acontecido, mas devemos avaliar as condições descritas.

Muitas pessoas, religiosas, têm apelado para essa situação comportamental para induzir o ouvinte à crença. Nós cremos que o princípio é este: nossa proteção está no nome do Senhor! Não podemos forçar a proteção e sim concordar com Santa Faustina: na hora necessária ele será invocado.

> ...Agradeci a Deus por sua bondade, por nos dar Anjos por companheiros. Oh! Como as pessoas consideram pouco o fato de terem sempre perto de si um hóspede como este, que é ao mesmo tempo testemunha de tudo! Pecadores, lembrai-vos que também vós tendes uma testemunha dos vossos atos (D. 630).

É curioso recordar, também, que Santa Faustina não "via" apenas os anjos da guarda, mas também os anjos executores:

> À noite, quando me encontrava em minha cela, vi o Anjo executor da ira de Deus. Estava vestido de branco, o rosto radiante e uma nuvem a seus pés. Da nuvem saíam trovões e relâmpagos para as suas mãos e delas só então atingiam a terra. Quando vi esse sinal da ira de Deus que deveria atingir a terra e especialmente um determinado lugar, que não posso mencionar por motivos bem compreensíveis, comecei a pedir ao Anjo que se detivesse por alguns momentos, pois o mundo faria penitência... (cf. D. 474-476).

Quem seriam esses Anjos executores? O Diário nada revela de diferente. Percebemos que seria uma forma de se referir ao anjo de forma geral, mas que tivesse uma função particular, como aqueles anunciados para o final dos tempos (Mt 13,41-42). Pode-se também imaginar um Anjo da Guarda que age em função da pessoa e outro, "autônomo", que esteja a serviço de Deus. É o que se deduz, e nada dogmático em que se deva crer sem questionamento.

Segundo a doutrina de alguns teólogos, especialmente São Roberto Belarmino, compete aos anjos executar os castigos divinos, eles são ministros da justiça divina: "O último ofício dos anjos é serem soldados ou chefes armados para tomarem vingança das nações e repreenderem os povos" (cf. Sl 149,7; Ez 9,1-11; 2Sm 24,15-17; 2Mc 3,22-34; Cr 26,16-21).

Sobre essa questão surgiram várias videntes, por exemplo, Soror Maria de Jesus de Ágreda, na Espanha; Anna Catharina Emmerich e mesmo Santa Faustina, com pensamentos/visões semelhantes. Em quase todas as visões se guardam semelhanças.

Em resumo: Anjo, "mensageiro" e, consequentemente, "mensageiro de Deus". Trata-se de um ser espiritual que é mensageiro entre Deus e os homens. O anjo da Guarda é um espírito celestial que, acredita-se, vela sobre cada um, afastando a pessoa do mal e inclinando-a para o bem.

> Sobre cada pessoa ser ajudada por um anjo, São Basílio diz que este anjo guia-lhe a vida, sendo ao mesmo tempo seu instrutor e protetor.

A CATEQUESE SOBRE OS ANJOS

Disse Santo Agostinho: "Formamos com os Anjos uma única cidade de Deus...". Eles completam nossa relação com o divino Deus de forma a nos proteger.

Olhando um pouco para a história. O teólogo grego denominado Pseudo-Dionísio Areopagita, no século VI, recolheu na Sagrada Escritura os nomes dos Anjos mencionados no Antigo e no Novo Testamento e distribuiu-os numa hierarquia de nove coros: Serafins, Querubins, Tronos, Dominações, Virtudes, Potestades, Principados, Arcanjos, Anjos (em sentido estrito). Essa hierarquia não tem nada de dogmática, e a teologia posterior não a refutou, deixando como estava apresentada por Dionísio[1].

---

[1] Como se nota pelo teólogo Pe. Rubens Miraglia: "Mencionam as Sagradas Escrituras constantemente missões e aparições de Anjos, e nomeiam seus diferentes graus: Serafim (Is 6,2.6), Querubim (Gn 3,24; Ecl 49,10; Ez 10,1-22), Tronos (Cl 1,16), Dominações (Cl 1,16; Ef 1,21), Virtudes (1Pd 3,22), Potestades (Cl 1,16; 1Pd 3,22). Principados (Cl 1,16), Arcanjos (1Ts 4,16) e Anjos. Os anjos não são todos iguais (Dn 10,13; Ap 12,7). Daí ensinar-se, ordinariamente, que há nove classes ou coros de Anjos, todas nomeadas na Bíblia.

De acordo com Pe. Rubens Miraglia Zani, em nossos dias, os Anjos estão muito em foco. Não somente a piedade cristã os reconhece, mas também o esoterismo e a literatura fantasiosa. Há, porém, aqueles que negam a existência dos Anjos, bons e maus, como se fossem figuras mitológicas. O que nos ensinam as Sagradas Escrituras, a Tradição e o Magistério da Igreja?

Eles são tratados com superficialidade, heresia, espetacularização e fantasia própria da moda e de um *reality show*. As igrejas, livrarias e bancas de jornais estão repletas de livros, revistas, chamariz para superstições, crendices e enganos. As mídias digitais estão repletas desses apelos miraculosos que trazem consigo as promessas de cura, sorte no amor, prosperidade e da libertação total de todos os males.

Até vemos, entre nós, a chamada "quaresma de São Miguel" (deve ser rezada entre os dias 15 de agosto e 29 de setembro) com um apelo fora do propósito daquilo que São Francisco fazia todos os anos; na maioria das vezes, três vezes ao ano.

O reservado jejum, o sacramento da reconciliação e outras práticas religiosas passam pelos mesmos problemas. Não há como ficar indiferente diante dos desmandos de alguns setores da religião católica. Inclusive, as rádios e televisões católicas têm explorado esse viés de forma a desvirtuar certas práticas. Com a pandemia, apareceram *lives* explorando essa devoção.

> São Boaventura diz em sua Legenda Maior, no capítulo 9, parágrafo 3 dos escritos biográficos de São Francisco: "um vínculo de amor indissolúvel unia-o aos Anjos cujo maravilhoso ardor o punha em êxtase diante de Deus e inflamava as almas dos eleitos".

De acordo com a doutrina atribuída a São Dionísio, o areopagita, estes coros são divididos em três hierarquias de três coros cada uma".

Por devoção aos Anjos, celebrava uma quaresma de jejuns e orações durante os quarenta dias que seguem a Assunção da Santíssima Virgem Maria[2].

Nesses últimos anos, a "quaresma de São Miguel" tem se tornado muito comum entre alguns grupos. Já a vínhamos rezando em latim (ladainha e outras orações). Aquilo que era reservado a São Francisco, como devoção e penitência pessoal, alcançou as redes sociais. Os devotos nem se importam com os equívocos cometidos. Esse tipo de devoção não é para ser exposto em redes sociais como pretexto para mostrar devoção pelos anjos; é muito particular e próprio para quem deseja se identificar com o devocional original franciscano. Propõem, inclusive, exorcismos como fazendo parte do devocional (Pequeno exorcismo de Leão XIII). E certa irmã, eufórica, disse que já conseguira inúmeros milagres com essa novena, mas a pessoa interessada teria de "clicar no link para dar um ok"!

Como dissemos, a devoção a São Miguel Arcanjo está em alta nesses últimos anos. Inclusive, apelam à "espada" de São Miguel como se fosse um devocional e fazendo parte da doutrinação. Em geral, somos intuídos pelas pinturas e esculturas de Rafael ou Guido Reni, em que Miguel é representado empunhando uma espada. No famoso texto de Apocalipse 12 não aparece a espada como denominador de luta, ela é apenas simbólica, basta olhar outras icnografias, por exemplo, a de São Jorge[3].

---

[2] *Fontes Franciscanas*, Editora Mensageiro de Santo Antônio, 2005, 414: "...em sua honra fazia uma quaresma de jejuns, desde a festa da Assunção até o seu dia. E dizia que, 'em honra de tão importante Príncipe, dever-se-ia oferecer a Deus algum louvor ou algum dom especial'".

[3] Gasques, J., *São Jorge, o Santo guerreiro*, Paulus, 126 páginas. "O livro narra a história de um legítimo mártir, um testemunho de vida carregado de apostolado, um jovem corajoso e determinado que preferia morrer a renunciar a sua fé em Cristo, defendendo a palavra do Evangelho" (Introdução).

O trato com os anjos não mereceu uma catequese fincada nas Escrituras. Tudo vai sendo feito à revelia de alguns grupos. Entretanto, precisamos tratar os anjos com mais decoro e seriedade teológica. Não é adequado fazer da devoção um coquetel de ideias soltas que não responde à fé cristã.

É difícil configurar os anjos no devocional secundário da experiência de vida cristã. Os anjos não são prioridades de fé; são auxiliares na espiritualidade. As pessoas parecem andar à procura de um Anjo cabalístico (são mais de setenta anjos e são designados de acordo com a data de nascimento) e, infelizmente, o encontram[4].

Na verdade, estamos vivendo uma triste "idolatria" sobre os anjos. O mercado *fashion* dos anjos nada tem a ver com nossos angélicos protetores (cf. Pe. Inácio José do Vale, em *ecclesia.com.br*). Na internet encontramos inúmeros *sites* e mensagens aludindo à intervenção dos anjos. É curioso que, nesse quesito, exista uma grande quantidade de páginas na internet à disposição do leitor sobre a "quaresma de São Miguel".

A Bíblia menciona somente o nome de três Arcanjos: Miguel, Rafael e Gabriel. Mas aparecem com outros nomes (Uriel, Barachiel ou Baraquiel, Jehudiel, Saeltiel), pois surgem em livros apócrifos de Enoc, no quarto livro de Esdras e em literatura rabínica.

---

[4] Os anjos cabalísticos são compostos por 72 seres celestiais que auxiliam a humanidade. A literatura está repleta dessa divulgação, inclusive as mídias dão muita atenção a esse tipo de quadro em seus programas de televisão. A palavra cabalística quer dizer pertencente ou referente à Cabala, que é a tradição mística hebraica. A Cabala tem sido transmitida oralmente de mestre para discípulo por milênios. A palavra hebraica para Anjos é *malachim*, que significa mensageiro; um ser intermediário entre os mundos celestiais e a Terra, que servem de canais de luz para conectar a humanidade ao Criador. Segundo eles, "Os judeus ortodoxos não pronunciam o nome de Deus a não ser em caso extremo (mandamento de não pronunciar o santo nome de Deus em vão), porque a palavra que designa Deus é um mantra muito poderoso" (Cf. *iquilibrio.com*).

Entretanto, a Igreja reconhece apenas os três nomes que estão nas Sagradas Escrituras. Os outros podem servir como referência, mas não são parte da doutrina cristã católica.

Todo este ministério amoroso realizado pelos anjos é por causa do Salvador, cujo rosto eles desejam contemplar. Quando a plenitude dos tempos chegou, foi ele quem a proclamou alegremente, cantando: *"Gloria in excelsis Deo"*. Eles guiaram o recém-nascido, Rei dos Anjos e, na sua fuga para o Egito, assistiram-no no deserto.

Sua segunda vinda e os temíveis eventos que a precederão, foram revelados a seu servo predileto, João, na ilha de Patmos. Novamente se trata de uma revelação pela qual seus antigos ministros e mensageiros aparecem uma vez mais na história sagrada, e o relato final do amor de Deus acaba quase como havia começado: "Eu, Jesus, enviei o meu anjo para atestar estas coisas a respeito das Igrejas" (Ap 22,16). Eles assistem nossas comunidades com zelo divino, são nossos patronos e cuidadores em nome de Deus.

Na festa dos santos Arcanjos, o Papa Francisco refletiu: "Os fiéis e os Anjos 'cooperamos juntos para o desígnio de salvação de Deus', afirmou. Somos, por assim dizer, 'irmãos' na vocação. E eles estão diante do Senhor para servi-lo, louvá-lo e também para contemplar a glória do rosto do Senhor" (cf. 29.9.2017. ACI, leitura: Ap 12,7-12a).

"Os Anjos são os grandes contemplativos. Eles apreciam o Senhor; servem e contemplam. Mas também o Senhor os envia para nos acompanhar no caminho da vida" (idem), de cada um ou daquele que crê nessa proposta.

Os santos padres da Igreja são cautelosos na doutrina e orientação sobre os anjos. Facilmente podemos nos enganar quanto a sua atuação, como nos lembrará Irmã Faustina. Referindo-se à criação dos anjos, São Gregório (540-604), o teólogo, expressa os pensamentos que seguem:

> Considerando que para a benevolência de Deus não era suficiente estar ocupado apenas com a contemplação de si mesmo, era necessário que o bem se alastrasse cada vez mais, de forma que o número daqueles que recebessem a graça fosse o maior possível (porque esta é a característica da mais alta benevolência) – portanto, Deus planejou primeiramente o exército celeste dos Anjos; e o pensamento se tornou dever, que foi completado pelo Verbo e tornado perfeito pelo Espírito... E como as primeiras criaturas agradaram-no, ele planejou um outro mundo, material e visível, uma composição ordenada do céu e da terra e o que está entre eles.

Como pertencem a um mundo espiritual, normalmente são invisíveis para nós, é o que afirma São João Damasceno:

> Quando os Anjos, através da vontade de Deus, aparecem aos justos, estes não os veem na sua forma original, mas transformados, tornados visíveis. Os Anjos são chamados espirituais e não corpóreos quando comparados a nós. Na comparação com Deus tudo se torna grosseiro e material. Porque somente a divindade é verdadeiramente não material e não corpórea.

Similar é o pensamento do Apóstolo Paulo ao se expressar:

> Revesti-vos da armadura de Deus para que possais resistir às ciladas do Diabo, pois não temos que lutar contra a carne e o sangue, mas contra os principados, as potestades, os dominadores deste mundo e os espíritos malignos dos ares (Ef 6,11-12).

Podemos pensar que, pela diligência dos teósofos e espiritualistas que acabam deteriorando a fé cristã, apresentam-se doutrinas que não se coadunam com ela. Outros criticam e questionam tanto que dá a entender a não existência dos anjos. A década de 1990 foi bastante próspera nesse sentido. Estávamos no limiar do final do segundo milênio.

Na instrução da Igreja a respeito dos anjos e arcanjos, cujas funções, em geral, as pessoas confundem, segue uma palavra do magistério. Em 1992, o decreto *Litteris Diei* determinou que "não é ilícito ensinar e usar noções sobre anjos e arcanjos, seus nomes pessoais e suas funções específicas, fora do que consta diretamente na Sagrada Escritura; consequentemente, é proibida qualquer forma de consagração aos Anjos e qualquer outra prática diferente dos costumes do culto oficial" (6 jun. 1992 AAS 84 [1992], 805-806).

Nesse período havia uma vidente austríaca, desde 1946, que divulgava o "culto aos santos Anjos" de forma diferente da Igreja. Gabriele Bitterlich criava nomes para os seus anjos em exorcismos (ela relatou visões do mundo dos anjos em que seus nomes individuais e tarefas específicas foram revelados). O trabalho se chamava "Obra dos Anjos" (*Engelwerk*).

A Congregação para a Doutrina da Fé reagiu a esse ensino, argumentando que isso poderia levar à formação de uma seita sem o consentimento da Igreja provocando outros desastres na fé católica. Esse movimento existe no Brasil e, solucionados os equívocos, atualmente está de acordo com as normas da Santa Sé Apostólica.

Ficam aqui então algumas considerações a respeito dos Anjos. Não podemos tratá-los como secundários ou de suma importância à fé cristã. Existe comedimento nesse trato. A Igreja sempre foi cautelosa na reflexão e seriedade para não induzir os fiéis à idolatria. Velas acesas, invocações a anjos e comunicação com eles, toda essa sorte de práticas tem sido incentivada para que os homens recebam ajuda dos Anjos. No entanto, todas essas atitudes não correspondem a atitudes corretas com relação aos anjos e podem ser prontamente dispensadas.

Em Santa Faustina não encontramos essas distorções da "fé angélica". O Catecismo da Igreja Católica trata da missão do Anjo da Guarda em relação a nós, dizendo: "Desde o início até a morte, a vida humana é cercada por sua proteção e por sua intercessão" (nº 336).

3.1. Os Anjos no Catecismo da Igreja Católica

Afirma o Catecismo da Igreja Católica: "A existência dos seres espirituais, não corpórea, que a Sagrada Escritura chama habitualmente Anjos, é uma verdade de fé. O testemunho da Escritura a respeito é tão claro quanto a unanimidade da Tradição" (CIC 238).

O Catecismo segue o esquema: sobre os anjos (n. 328); quem são os anjos (n. 329-330); Cristo e todos os seus anjos (n. 331-333); os anjos na vida da Igreja (n. 334-336); a queda dos anjos (n. 391-395). Esses números também vão tratar da questão dos "Anjos maus" e do seu pecado de rebelião, mas nos lembra: "o poder de Satanás não é infinito" (cf. 395).

Em matéria de fé e de religião católica devemos buscar na doutrina as informações necessárias e as orientações para basear nossas crenças. No mundo dividido com tantas doutrinas e informações por meio de Igrejas, rádios, livros, televisão, internet etc. é necessário discernimento e cautela sobre aquilo em que se acredita. A maioria das pessoas acaba ficando com dúvidas sobre o quanto se deve ou não confiar em informações.

Nesse mar de proezas sobre como tirar vantagens da fé, surgiu há alguns anos uma Igreja que propunha uma campanha para mudar o seu Anjo da Guarda. Afirmava que os anjos dos católicos não servem e eles sim tinham o verdadeiro anjo para oferecer desde que se fizesse um pacto de aliança com eles.

Veja o que se dizia pelo rádio: "Irmão, você está passando por isso porque o seu anjo da guarda está fraco, você precisa trocá-lo urgentemente. Venha nesta sexta-feira a nossa igreja, pois estamos realizando a grande troca dos anjos. Suas orações não estão sendo respondidas porque o seu anjo precisa ser trocado. A mesma coisa ocorreu com Daniel, ele orava e a resposta não vinha; enquanto não trocou o anjo ele não recebeu sua benção…". Esse pastor se referia ao texto de Daniel 10,13.

Nesse quesito devemos acertar muitas coisas para não incorrer em erro. Os anjos estão sujeitos a Deus e só obedecem a ele, não a nós, como se fossem propriedade exclusiva nossa. Os anjos protegem os cristãos em Jesus – Hebreus 1,14.

A Bíblia não diz que cada pessoa recebe um Anjo da Guarda ao nascer, como propriedade ou coisa que se possa trocar de acordo com o próprio desejo, apenas por não gostar – apenas diz que existem anjos que nos ajudam e cada um está "ladeado por um anjo como protetor e pastor para conduzi-lo à vida" (cf. CIC 336).

Agora deve-se retificar: os anjos não intercedem por nós junto de Deus, só Jesus intercede (1Tm 2,5); não devemos pedir ajuda aos anjos, devemos pedir ajuda só a Deus; cristãos falecidos (especialmente crianças) não se tornam anjos, na ressurreição seremos parecidos com anjos, mas não iguais. De certa forma, não é complicado, mas queremos tudo fácil e mastigado em questão de fé.

O que se deve entender, de forma madura e com bases teóricas, é que os místicos – como é o caso de Santa Faustina – têm outra impressão quanto aos anjos. Deus se serve do místico para ampliar o seu projeto e manifestar seu plano (de misericórdia). Esse é o papel do anjo na vida do místico, o que levanta muitas informações importantes, como as que estamos trazendo aqui.

A fonte segura é o Catecismo, a Teologia e a Tradição da Igreja que se firmaram através dos milênios. No quesito política e sociedade, apelamos, sem sombra de dúvidas, à Doutrina Social da Igreja para desfazer os equívocos. As encíclicas dos papas também são fontes confiáveis na formação moral e ética.

Depois dessa pequena divagação, voltemos aos anjos de duas formas:

- Cristo "com todos os seus Anjos" (cf. CIC 331-333). Cristo é o centro do mundo angélico e estão a serviço do juízo que o próprio Cristo pronunciará (cf. Lc 12,8-9).
- Os Anjos na vida da Igreja. Na sabedoria do ensino do Catecismo (cf. 334-336) há duas atitudes extremas e opostas sobre os anjos que o Catecismo procura evitar: de um lado a cética desconfiança em relação à existência real dos anjos como se eles fossem mera invenção adequada a uma psicologia imatura, e, de outro, a fantasia esotérica que pretende conhecer uma infinidade de coisas sobre os anjos (seus nomes, a hora em que agem, o modo de invocá-los etc.).

Em outras palavras: o ceticismo racionalista e o esoterismo exagerado e irracional devem ser evitados. Na audiência geral do papa João Paulo II – com tema: Criador das coisas visíveis e invisíveis –, em 9 de julho de 1986, explica-se a situação em atenção aos anjos: "É preciso reconhecer que, às vezes, a confusão é grande, com consequente risco de se fazer passar como fé da Igreja a respeito dos anjos aquilo que não pertence à fé, ou, vice-versa, de omitir algum aspecto importante da verdade revelada" (n. 2). A referência ao "primado" de Cristo nos ajuda a compreender que a verdade acerca da existência e da ação dos anjos (bons e maus) não constitui o conteúdo central da palavra de Deus (idem).

A Igreja explica no Catecismo: "Os Anjos e os homens, criaturas inteligentes e livres, devem caminhar para seu destino último por opção livre e amor preferencial. Podem, no entanto, desviar-se. E, de fato, pecaram" (CIC 311). Os demônios, "por Deus foram criados bons em (sua) natureza, [...] se tornaram maus por sua própria iniciativa" (CIC 391). "Na opção livre... rejeitaram radical e irrevogavelmente a Deus e a seu Reino" (CIC 392).

Talvez o concílio da Igreja que mais se dedicou a explicar a doutrina sobre os anjos foi o de Latrão IV, em 1215. Nele se afirmou, num contexto de profissão da fé, que os anjos foram criados por Deus desde o início dos tempos. Antes desse concílio, a existência dos Anjos fora afirmada e formulada no Concílio Ecumênico de Niceia I (ano 325), sob o pontificado do papa São Silvestre, cujo decreto D. 54 explica claramente: "Creio em um só Deus, Pai Todo Poderoso, criador do céu e da terra, e de todas as coisas visíveis e invisíveis" (cf. H. Denzinger, *Enchiridion Symbolorum*, Loyola).

Evidentemente, houve pronunciamentos do magistério sobre os Anjos antes desta data, por exemplo, o do papa Zacarias, no ano 745, que rejeitou os vários nomes dos anjos, ficando somente com os de Miguel, Gabriel e Rafael, já que são os únicos mencionados pela Sagrada Escritura. O Concílio de Aix-la-Chapelle, no ano 789, fez o mesmo.

Finalizemos com esses textos, recordando o Catecismo e a fonte segura:

- CIC 332. "Eles aí estão, desde a criação e ao longo de toda a história da salvação, anunciando, de longe ou de perto, esta salvação e servindo ao desígnio divino de sua realização: fecham o paraíso terrestre, protegem Lot, salvam Agar e seu filho, seguram a mão de Abraão, comunicam a lei por seu ministério [cf. At 7,53], conduzem o povo de Deus, anunciam nascimentos e vocações, assistem aos profetas, citando-se apenas alguns exemplos. Por fim, é o Anjo Gabriel que anuncia o nascimento do Precursor e o do próprio Jesus".

- CIC 329. Santo Agostinho fala sobre eles: [latim] "Anjo é designação de encargo, não de natureza. Se perguntares pela designação da natureza, é um espírito; se perguntares pelo encargo, é um anjo: é espírito por aquilo que é, e anjo por aquilo que faz. Por todo o seu ser, os anjos são servidores e mensageiros de Deus. Porque contemplam 'constantemente a face de meu Pai que está nos céus' [Mt 18,10], são 'poderosos executores de suas palavras, obedientes ao som de sua palavra'" [Sl 103,20].

- CIC 336. "Desde o início até a morte, a vida humana é cercada por sua proteção e por sua intercessão. 'Cada fiel é ladeado por um anjo como protetor e pastor para conduzi-lo à vida'. Ainda aqui na terra, a vida cristã participa na fé da sociedade bem-aventurada dos anjos e dos homens, unidos em Deus".

Assim convivemos com a ideia desorganizada sobre os anjos: "Desde pequeno minha mãe sempre me falava que eu tinha um anjo de Deus me protegendo, que seria o meu Anjo da Guarda". Crescemos ouvindo isso. Depois, não fazemos os devidos reparos e continuamos na mesma situação. A catequese e a família não deram importância à formação e orientação doutrinal.

Hoje, muitos jovens e adultos, passado um período de amadurecimento e crise de fé, acabam não mais acreditando em anjo algum! Na maioria das vezes, o ensino na Universidade, a relação conturbada com colegas de outros credos ou ateus influenciam as pessoas.

Acrescido a tudo isso, a falta de uma catequese sobre os anjos leva a maioria da juventude a viver e crescer sem a presença deles em suas vidas; nas homilias, também se fala muito pouco sobre isso. Na família, todos podem imaginar! Por fim, com base em todos esses equívocos, os pais dizem aos filhos: "Que os Anjos te acompanhem"!

Vejam que belos textos: Êxodo 23,20; Salmo 91,11; Salmos 34,7 e Atos 12,15. No conhecido episódio de Daniel, na cova dos leões, o próprio profeta Daniel assegurou que Deus enviou um Anjo em seu socorro e o livrou durante o tempo em que esteve na cova (Dn 6,22).

Valorizemos os anjos que Deus nos envia a cada instante da vida. São João Maria Vianney diz: "Boa noite, meu Anjo da Guarda. Agradeço-te porque me guardastes durante este dia".

Os Anjos na vida de Irmã Faustina

Agostinho escreve: "Os Anjos estão conosco em toda hora e em todo lugar. Com muita atenção e incansável empenho nos auxiliam, preveem nossas necessidades e se portam como mediadores entre nós e Deus, elevando a ele nossos gemidos e suspiros. Acompanhando-nos nas nossas viagens, eles vão e voltam conosco, atentos e observadores do nosso comportamento, se estamos sendo honestos e honrados em meio à maldade que nos cerca e observando nossa intenção no empenho da salvação eterna" (cf. CIC 328-330)[1].

Já destacamos antes algumas ideias sobre os Anjos no pensamento/visão de Irmã Faustina. Tais apontamentos serviram para com-

---

[1] Santo Agostinho, certa vez, escreveu sobre quando foi para o deserto fazer um retiro de silêncio e foi acometido por todo tipo de visão – tanto demônios quanto Anjos. Disse que, em sua solidão, algumas vezes encontrava demônios que pareciam anjos, e, outras vezes, encontrou anjos que pareciam demônios. Quando lhe perguntaram como ele sabia a diferença, o santo respondeu que só se pode dizer quem é quem com base na sensação que se tem depois que a criatura foi embora. Se você ficar arrasado, disse ele, então foi um demônio que veio visitá-lo. Se você se sentir mais leve, foi um Anjo.

pletar a ideia do sentido que os anjos têm, depois fomos à Bíblia para alicerçar nosso entendimento sobre eles. Não adianta apenas acreditar nos anjos, temos que ter base para aquilo em que acreditamos.

O Catecismo, a Bíblia, a tradição, a teologia e a revelação nos dão a segurança de que precisamos para não nos desviarmos do caminho de ensino sobre os anjos. Além disso, esses textos proporcionam o conhecimento para compreender essa diversidade de anjos a que, por vezes, nos acostumamos e tratamos como se fossem todos iguais.

Quando falamos sobre os anjos, nós os olhamos sob três ângulos: os anjos eleitos, Satanás e os anjos caídos. Na primeira parte, nos interessa mais sua classificação: 1) O Anjo do Senhor, 2) Arcanjo, 3) Querubim, 4) Serafim e os Anjos das nações[2].

Sobre caráter dos anjos, de forma resumida, temos: são obedientes, reverentes, santos, poderosos, mansos e sábios.

Quanto às atividades dos anjos podemos elencar quatro delas: mensageiros de Deus, executores do juízo divino, adoradores de Deus e espíritos que servem.

A questão de Satanás também entra na leitura do Diário de Santa Faustina. Vamos tratar desse tema de forma resumida posteriormente. Ele ocupa um bom espaço de interpretação e de ação na confecção do Diário. O texto a seguir é magnífico.

> Em determinado momento vi Satanás, que se apressava e procurava alguém entre as Irmãs, mas não encontrava. Senti na alma a inspiração de lhe ordenar, em nome de Deus, que me confessasse o que estava procurando entre as Irmãs. E confessou, embora de má von-

---

[2] O Antigo Testamento cita Príncipes das Nações, tanto de Anjos eleitos como de Anjos caídos: Dn 10,13-20. O Novo Testamento não nos dá os mesmos detalhes, mas menciona uma categoria ("principados") que se refere a essa posição ocupada pelos Anjos: Ef 3,10; 6,12; Cl 2,15; 1Pd 3,22.

tade: "Estou procurando almas ociosas". Então, novamente ordenei, em nome de Deus, que me dissesse a que almas têm mais acesso no Convento e, outra vez, confessou-me, de má vontade: "As almas preguiçosas e ociosas". Notei então que, de fato, não há tal gênero de almas nesta casa. Alegrem-se as almas atarefadas e cansadas (D. 1127).

Como indica a Irmã, com essas o diabo não tem vez!

4.1. O entender de Faustina sobre os Anjos

Irmã Faustina teve várias "visões" e narra encontros diversos com os anjos em seu conhecido Diário. Trata-se de um "livro" que registra as fases da espiritualidade de Faustina. Estão registrados em seu Diário esses vários colóquios com seus anjos. Em distintos momentos e circunstâncias eles aparecem com uma mensagem de conforto, auxílio e orientação.

No Diário não existe um registro metodológico sobre a manifestação dos anjos. Não é um livro pedagógico da ação de Deus em sua vida; é uma expressão de sua espiritualidade e o registro da maioria de suas monções; recorda fatos importantes de sua vida e registra momentos de intimidade com o seu Anjo da Guarda e da manifestação da Divina Misericórdia em sua vida.

Ao ler o Diário não faz sentido buscar ali um registro em capítulos e versículos sobre a ação dos anjos em sua vida. Tudo está misturado, posto de modo embaralhado, porém, não confuso. A vida é assim. A presença dos anjos em sua vida não era algo forçado; era espontâneo.

Este livro deseja apresentar essa diversidade de modos como os anjos se manifestam e como Faustina interagia com eles. Os anjos eram criaturas espirituais próximas dela; não havia necessidade de invocação para sua proteção e que eles viessem acudi-la nas necessidades. Estavam ali sempre presentes. Vamos apresentar as mensagens na íntegra e indicar os números para averiguação.

Havia uma intimidade adequada à sua vida e à busca por santidade. Os anjos são nossos promotores e protetores, não dependendo de os invocarmos ou não. Não importa. Eles estão sempre ali, próximos e desejosos de serem "avistados" pelo devoto. A base da sua presença está no estado de graça de seu receptor. A vida cristã é movida por esse processo de purificação.

Santa Faustina tinha a sensibilidade a sua presença e, diante de tanta adversidade, ela os "sentia" próximos. A presença dos anjos é mais que a sua invocação. Estão aí a nos aquecer do frio na alma. Apenas a invocação e o mistério acontecem de forma natural. Os anjos derramam o odor de Deus sobre o invocado. Este se sente inebriado com a divina presença. A sua guarda é como a mão de Deus a nos afagar em momentos e circunstâncias adversas.

Outro detalhe que devemos observar a respeito de Irmã Faustina é que ela era uma mística de primeira grandeza. Os místicos são diferentes dos "santos". Parece que têm algo a mais e, como observamos no caso de Faustina, os Anjos eram companheiros de sua jornada. Estavam sempre próximos dela.

"Os místicos são os que atestam que Deus é visível já, agora, pela fé ou em visão" (*Dicionário de Mística*, 706). Os místicos são aqueles que se abrem às manifestações do divino em sua vida. Não colocam barreiras para que Deus aja. Os místicos não se criam; estão presentes o tempo todo. Deus suscita um ou outro em sua bondade. Faustina tomou esse caminho de forma a apresentar a divina misericórdia como algo ousado para o seu tempo. Ela captou essa emergência de espiritualidade um tanto esquecida. Certamente foi uma eleita para esse "ministério". Por isso, durante décadas, foi "proibido" ler seus escritos e divulgá-los. Pareciam demais para a época, especialmente tendo sido produzidos por uma mulher. O tempo curou seus interlocutores e, na adequação da história, seu nome veio a lume. Assim aconteceu com outros místicos tais como Teresa de Jesus e João da Cruz, que representam o ponto mais alto da mística cristã. Depois, vieram muitos outros até surgir a mais moderna de todas as místicas: Santa Faustina.

A visão amarga do mundo sem Deus e sem a misericórdia fez Faustina explodir de amor por sua paixão. Os "seus" anjos eram um momento de "angeofania" diante da crueldade de seu tempo. Por vezes, ela se queixa da situação da Polônia e da Igreja, certamente. Essa era, de maneira velada, uma questão política e social a que, na maioria das vezes, ela não deixa de se referir amiúde e de forma sutil. Temos de ler as entrelinhas de seu Diário (cf. D. 300; 683; 1038 e 1732).

Enfim, vamos abordando o que nos interessa por serem aspectos mais contemplativos: os anjos faustianos.

Como Faustina narra no Diário, diante das saudações e das cercanias das irmãs, ela se sentia retraída e em profundo sofrimento. Ela se calava e se submetia à vontade de Deus. "Das criaturas nada espero, e convivo com elas na medida em que a necessidade o exige. [...] A minha convivência é com os Anjos" (D. 1200).

Em uma leitura mais atenta, nota-se que Irmã Faustina tinha a tendência de sentir Miguel, o Arcanjo, mais presente em sua vida. "Tenho uma grande devoção por São Miguel Arcanjo. Ele não tinha um exemplo no cumprimento da vontade de Deus e, no entanto, cumpriu fielmente os desejos de Deus" (D. 667).

Faustina alimentou uma devoção especial por Miguel e, por Deus, foi pedido que a ajudasse como nos narra: "No dia de São Miguel Arcanjo, vi esse guia perto de mim. Ele me disse: 'Recomendou-me o Senhor que eu tivesse um especial cuidado por ti. Sabes que és odiada pelo mal, mas não temas. – Quem como Deus!' – E desapareceu. Contudo, continuo a sentir a sua presença e ajuda" (D. 706).

A sua convivência com os anjos era uma questão de fé. Os "seus anjos" eram sempre presentes como o são para todos aqueles que procuram pela perfeição da vida. Os anjos nunca são um apêndice na caminhada cristã. São protetores e "socorristas", atentos às demandas de seus eleitos.

Vamos delineando, página por página, alguns aspectos de como os Anjos se tornam presentes em sua vida. Escreve Santa Faustina: "Todos os anjos e homens saíram das entranhas da vossa misericórdia" (D. 651), pois "pela vossa insondável misericórdia chamais à existência as criaturas... criastes os espíritos angélicos e os admitistes ao vosso amor, à vossa divina intimidade" (D. 1741).

"Jamais alguma criatura, nem a mais perfeita, teria direito à existência e a tal destino final e perpétuo, assim como Deus os oferece e do modo como os preparou."[3] Santa Faustina vai entendendo essa relação de acomodação à vontade de Deus e se aperfeiçoando na prática da divina misericórdia.

Essa presença é tão inefável, tão mística e delicada que nem os Anjos podem entender e ela chega a dizer: "eu confio em vós" (D. 946). Os Anjos não excedem a Deus, mas são auxiliares divinos na maestria do viver. Olhando por esse ângulo, observamos que Faustina não fica invocando os Anjos; eles são seus parceiros na batalha. Aparecem de forma intencional.

As experiências com seu santo Anjo da Guarda eram constantes. Havia um diálogo fiel e uma beleza a ser descoberta em cada revelação. A presença angelical, em sua vida, era como a de um amigo que a acompanhasse nas estradas mais frugais e ríspidas daqueles momentos de solidão e desencontro. Ali, sempre estava o seu anjo da guarda com uma palavra de consolo e de conforto.

---

[3] Cf. <https://misericordia.org.br/os-anjos-no-diario-de-santa-faustina/>.

Conta uma bela passagem onde é conduzida por seu Anjo da Guarda ao trono de Deus. Ela começa a reconhecer todos os santos que conhecia pelas imagens de culto. Transita na presença de Deus. "...Aqui está o teu trono pela fidelidade no cumprimento da vontade de Deus" (D. 683).

Esses companheiros espirituais se habituam aos eleitos. A amabilidade se derrama de forma angelical por pedido de socorro. Faustina vai vencendo e pulando os obstáculos, que são preteridos. Não teria com quem contar não fosse a divina providência. Os anjos completam seu desejo de santidade vindo em seu socorro. Eles não invadem a sua alma aflita; ficam como se estivessem à espreita de um pedido. Assim o descreveu em uma noite e pressentiu-se envolvida na adoração ao sentir saudade de Deus:

> Certo dia, quando eu estava em adoração, meu espírito estava como que agonizando por ele e eu não conseguia segurar as lágrimas, vi um espírito de grande beleza que me disse estas palavras: "Não chore, diz o Senhor". A seguir perguntei: "Quem és tu?", e ele me respondeu: "Eu sou um dos sete espíritos que permanecem dia e noite diante do trono de Deus e glorificam-no sem cessar". Todavia, esse espírito não apaziguou a minha saudade, mas despertou em mim uma saudade de Deus ainda maior. Este espírito é muito belo, e a sua beleza provém da estreita união com Deus. Este espírito não me abandona por um momento sequer, acompanha-me por toda a parte (D. 471).

Santa Faustina teve várias tentações de Satanás, que sempre estava a lhe estorvar o caminho. Era um empecilho e tinha a proposta de desviá-la do caminho do bem buscando fazê-la derramar a divina misericórdia. Esse caminho se faz com muito sacrifício. Ela recebera a instrução de fazer conhecida e venerada essa misericórdia que se desvela a todos.

4.2. Os demônios a atormentam

Este é um capítulo que está inserido no Diário de Faustina. O demônio não deseja que o plano de Deus se realize de forma plena. Desde o livro de Gênesis está registrada essa ação de decomposição.

Os demônios procuram atrair os homens ao pecado e se opõem à obra de Cristo que, pela redenção, os libertou dessa escravidão. O demônio tentou Jesus, transformou-se em anjo da luz para enganar os homens, mas só pode agir quando Deus permite. É o pai da mentira e o príncipe do mundo e de todos os maus, cujo império foi destruído por Cristo (cf. Mc 5,1-17.9,16-26; Mt 4; 2Cor 11,14; 1Rs 22,22; Jó 1,12.2,6; Mt 8,31).

Satanás não estava feliz e enviou uma série de demônios para amedrontá-la, esperando que desistisse da missão que Deus lhe confiara. Ela escreve sobre isso em seu Diário:

> Depois de dar alguns passos, uma grande multidão de demônios bloqueou meu caminho. Eles me ameaçaram com terríveis torturas, e ouviam-se vozes: "Ela roubou tudo o que trabalhamos [para conseguir] há tantos anos"! Quando perguntei a eles: "De onde vocês vêm em tão grande número"? E as formas perversas responderam: "Saia dos corações humanos; pare de nos atormentar!" (cf. D. 320, 418, 1167).

Os demônios não procuram comunhão, mas a divisão. Procuram sempre pôr a perder os homens (cf. Sb 2,24). Os demônios procuram atrair os homens ao pecado e se opõem à obra de Cristo que, pela redenção, os libertou da escravidão desses demônios (cf. Mc 5,1-17; 9,16-26). O demônio tentou Jesus (cf. Mt 4), transformou-se em anjo da luz para enganar os homens (cf. 2Cor 11,14), mas só pode agir quando Deus permite (cf. 1Rs 22,22; Jó 1,12.2,6;

Mt 8,31; 2Tm 2,26; Ap 20,7). É o pai da mentira e o príncipe do mundo e de todos os maus (cf. Jo 8,44.12,31.14,30.16,11; At 13,10; 2Cor 4,4; Ef 2,2; 1Jo 3,10), cujo império foi destruído por Cristo[4].

Satanás (possui diversos nomes) é uma força de atração constante. O mundo é o seu campo de batalha e de ação. Ele está solto "nos ares", diz Paulo. Santo Agostinho fala das duas cidades: a terrena e a celeste; Santo Inácio fala dos dois estandartes: o de Cristo e o do demônio. Satã é aquele que divide, separa. É uma força criada por Deus, mas que fez suas escolhas e não se deu bem. Agora é a sua hora de enganar mais alguns para seguir seu séquito.

Santo Tomás escreveu: "Por isso o Senhor precipitou no inferno uma parte dos anjos maus e deixou a outra parte na atmosfera terrestre, para que tentasse os homens" (cf. *Suma Teológica*, q. 64). Sua intenção não é a glória de Deus nem o verdadeiro bem do homem, mas a vingança.

O que se constata, nessas últimas décadas? Com frequência, se tem concedido ao demônio certa glória e legitimidade que não poderiam lhe ser concedidas. Tem-se reduzido toda a atividade redentora de Deus à destruição do demônio, de tal maneira que se chegou a estudar todos os demais aspectos da teologia à luz da demonologia[5].

---

[4] Para uma visão mais ampla da demonologia neotestamentária: O. Skrzypczak, A Demonologia no Novo Testamento in: *O Demônio – Aspectos Teológicos*, Vozes, Petrópolis, 1957, 67-101. Satanás não é todo poderoso; Santo Agostinho o compara a um cão acorrentado, que pode ladrar muito, mas não pode morder senão a quem se lhe chega perto. São Paulo nos diz que Deus não permite que sejamos tentados acima de nossas forças, mas, com a tentação, nos dá os meios de sair dela vitoriosos (cf. 1Cor 10,13).

[5] Pe. Oscar Quevedo foi um entusiasta em desconstruir os argumentos a respeito do demônio. Ele se utilizava da parapsicologia. Podemos conferir esses assuntos em vários de seus livros, como *A Face Oculta da Mente* (1979), *As Forças físicas da Mente* (1981) e a tese doutoral *Antes que os Demônios voltem* (1981) – todos pelas Edições Loyola. Escreveu também outros livros, sempre direcionados a essas questões de ordem parapsicológica, e sempre mostrando as infundadas doutrinas dos charlatães que se colocam ao "serviço" de cura. Contudo, foi sempre mal interpretado. Faleceu em 2019.

Vemos essa deformação da doutrina através da televisão e de alguns movimentos na ordem pentecostal. O pentecostalismo acarretou mudanças profundas no panorama cristão, rompendo com uma série de padrões que caracterizavam as igrejas protestantes e católicas há alguns séculos e propondo reinterpretações muitas vezes bastante radicais da teologia, do culto e da experiência religiosa.

A ideia sobre o diabo parecia estar esquecida. Até o final do século XIX pouco se falava sobre o diabo. Contudo, apareceram os despertadores dessa "força" destruidora na Igreja e, na maioria das vezes, todos os problemas passaram a ser atribuídos ao "inimigo". Esse é o nome mais comum dado ao diabo em ação; acarretando tentações e desventuras por falta de critérios e zelos gerando desordem, às vezes, da sexualidade humana.

Aparece, aqui, uma pequenez da fé e da doutrina cristãs. As tentações existem e o demônio também, mas não chega a provocar os filhos de Deus ao ponto da total destruição. Percebemos que há uma espécie de "propaganda" das forças do mal que acabam agindo em razão de tanto se falar sobre elas. Falemos da força da graça e do amor misericordioso do Senhor, como nos propunha Irmã Faustina, uma freira polonesa que viveu no início do século XX. Ela frequentemente recebia revelações particulares de Jesus, instruindo-a a espalhar a mensagem da divina misericórdia pelo mundo. Essa mensagem se concentrava no amor e na misericórdia sem limites de Deus, que está pronto para aceitar até os pecadores mais endurecidos de volta ao seu rebanho (cf. *pt.aleteia.org*).

Satanás envia vários demônios para atormentá-la e, se possível, desviá-la do caminho e do bom propósito. O registro, em seu Diário, é inequívoco. Aparecem de forma curiosa as duas forças: a dos demônios, desejosos de que ela desistisse, e, de outro lado, os Anjos da Guarda como segura proteção.

Satanás nunca ficaria feliz com um filho de Deus que traçasse o caminho da perfeição. Santa Faustina relata em seu Diário que

Satanás não estava feliz e enviou uma série de demônios para amedrontá-la, esperando que ela desistisse da missão que Deus lhe confiara. Ela escreve sobre isso em seu Diário:

> Mal havia dado alguns passos, surgiu diante de mim uma multidão de demônios, que me bloqueou que me ameaçou com suplícios terríveis e ouviam-se vozes: "Ela nos roubou tudo aquilo que conseguimos com o trabalho de tantos anos". Quando lhes perguntei: "De onde vindes em tão grande número?" Responderam-me essas figuras maldosas: "Viemos dos corações dos homens, não nos atormente" (D. 418).

Faustina prossegue na descrição. Agora implora a presença auxiliadora dos seus Anjos da Guarda "[...] e, imediatamente, surgiu diante de mim a clara e luminosa figura do Anjo da Guarda, que me disse: 'Não tenhas medo, esposa do meu Senhor, esses espíritos não te poderão fazer mal sem permissão dele'" (D. 419). "Este espírito – o Anjo da Guarda – não me abandona por um momento sequer, acompanha-me por toda parte. Este espírito é muito belo, e a sua beleza provém da estreita união com Deus" (D. 471).

Vale expor uma modesta ilustração quanto às expressões "Satanás" e "diabo". Satanás, também chamado de adversário ou diabo, é o inimigo da retidão e daqueles que procuram seguir a Deus. A Bíblia diz que Deus criou um espírito poderoso, inteligente e bonito, que era líder entre os anjos. Ele foi chamado Lúcifer (que significa "Aquele que brilha") – e era muito bom. Mas Lúcifer também tinha a liberdade de escolher livremente. Uma passagem de Isaías 14 registra a escolha que ele fez (cf. v. 12-14; Ez 28,12.18).

A mais ilustrada intervenção de Satanás, registrada na Bíblia, está no livro de Jó (cf. Jó 2,7-9; Jó 38,1.4-7). O Novo Testamento está repleto dessas informações. Satanás se apresenta como tentador de Jesus enquanto ele meditava no deserto, oferecendo-lhe o mundo, mas o Messias não aceita.

Entretanto, é no livro do Apocalipse de João que Satanás vai tomar as formas monstruosas de dragão, de serpente, de besta e, a partir daí, todos os males da humanidade lhe serão atribuídos e também construída toda a concepção milenarista do fim mundo (cf. Ap 12,7-9).

De acordo com a Bíblia, Deus não criou um "diabo ruim", mas criou um ser angelical poderoso e inteligente. Através do orgulho, ele liderou uma revolta contra Deus e, ao assim fazer, ele se corrompeu enquanto ainda mantinha seu esplendor original[6]. "O demônio pode ocultar-se até sob o manto da humildade, mas não sabe vestir o manto da obediência e aí se manifesta todo o seu trabalho" (D. 939).

Veja o que Paulo escreveu: "E não é de admirar porque o próprio Satanás se disfarça de anjo de luz. Por isso não é de estranhar que também os servidores dele se disfarcem em servidores da justiça. Mas o seu fim será conforme as suas obras" (2Cor 11,14-15).

Nas últimas décadas tem crescido o chamado "satanismo" e/ou a igreja de satanás. Parece um absurdo, mas é uma realidade à qual devemos estar atentos. Existe por trás disso uma longa história. Vamos buscar na tentação de Jó (1,9-11); no livro da *Divina Comédia*, de Dante; nos inúmeros livros sobre as tentações do demônio da Idade Média e Moderna, até a influência na construção de grandes obras literárias como o *Paraíso Perdido*, de Milton; *Fausto*, de

---

[6] Carlos Mesters, *Paraíso Perdido, saudade ou esperança*, Vozes, 1971 (várias edições). O livro pretende ser uma proposta de introdução ao Antigo Testamento. Versa sobre o paraíso, o pecado de Adão e Eva e os fatos primevos. Aborda a dificuldade de compreensão de tais fatos da história atual. Não são fatos passados, podem ser realidades do futuro.

Goethe; e *Flores do Mal*, de Baudelaire, referências para compreender melhor a assimilação desse mito em nossa poesia.

A literatura está repleta de escritores que deram asas à imaginação, com obras teatrais sobre Satanás como *O Julgamento de Salomão*, *Último dia do Juízo Final*, *Teatro dos Diabos*, semelhantes à conhecida peça portuguesa *Auto da Barca do Inferno*, de Gil Vicente.

Citada anteriormente, a obra de John Milton, *Paraíso Perdido*, de 1667, retrata a revolta dos anjos, a expulsão de Satã e como ele influenciou Eva a comer o fruto proibido e ser expulsa do Éden com Adão.

Mais recentemente, o livro-romance *Anjos e Demônios*, de 2012, de Dan Brown tem despertado curiosidade e muita crítica. Nessa obra, Dan Brown mescla suspense, ciência, religião e história da arte. A intenção da obra parece voltar-se mais para instigar a curiosidade dos leitores, ou seja, trata pouco sobre Anjos e Demônios e mais de ações humanas com requintes de maldade.

Caminhando um pouco mais nessa senda, o ocultismo nos tem invadido. O espiritismo e a astrologia sobem como espumas. A bruxaria e o culto a satã incomodam a cada dia e crescem de forma surpreendente e com incrível rapidez. O sobrenatural não só desperta curiosidade e preocupação; é divulgado pelos meios de comunicação e a divulgação de suas ideias é feita por meio de livros e revistas. A internet está repleta desse tipo de material.

Cresce também o mundo da vidência, tarólogos e sensitivos. Acrescido a tudo isso existem as "terapias de vidas passadas" e alguns falam em regressão. Em certos movimentos da Igreja, fala-se em oração aos antepassados e existe uma tendência à regressão de histórias voltadas ao ventre materno. Fala-se, também, em chás (*ayashuasca*) portentosos que causam alucinações e visões miraculosas, místicas, psicóticas [esses chás manipulados em rituais são permitidos pelo CONAD]. Então, deve-se ter mais cuidado com essas práticas que, por vezes, seguem mais a linha espírita que a cristã.

Existem também, espalhados em várias instâncias da Igreja, momentos de "orações de cura para traumas de vidas passadas", como uma regeneração pelo Espírito Santo. Invoca-se o "sangue de Jesus" como poder curador e adota-se uma série de procedimentos inadequados à fé cristã; por fim, entra-se em uma espécie de exorcismo para afugentar o mal.

Completando o cenário, "inventaram" as missas por cura e libertação como sinônimos de um "exorcismo *light*" para aqueles que procuram esses momentos de "tratamento". Sabemos, todavia, da falta de regalo litúrgico para esse tipo de celebração. Outro exemplo de situações que confundem a cabeça das pessoas, são determinadas ocasiões eucarísticas de exposição do Santíssimo, com orações estranhas à ocasião e muitos discursos para Jesus. As redes de televisão católicas estão repletas desses excessos.

A prática do exorcismo (significa "pôr para fora") se tornou muito frequente nas últimas décadas, tanto na Igreja católica quanto na evangélica. Na Igreja católica ele é reconhecido e existem padres autorizados a exercer esse ministério, que na maioria das vezes já se tornou banal e sem sentido, pois existem fórmulas sobre como proceder e quem deve ser buscado.

A Igreja admite a possibilidade do fenômeno da possessão e, para solucionar o problema, tem um ritual de exorcismo. Todavia, os progressos da psicologia e da medicina têm revelado que muitos dos sintomas, outrora atribuídos à ação direta do demônio, são apenas efeitos patológicos, nervosos ou parapsicológicos.

Notemos, ainda, que não se devem identificar, simplesmente, os Exus e Orixás das religiões afro-brasileiras com os anjos maus. Infelizmente ouvimos isso em determinadas igrejas (católica e protestante).

Enfim, como já vimos anteriormente no depoimento de Santa Faustina, ela já viu diante de uma multidão de demônios que a ameaçavam de terríveis suplícios, acusando-a de ter roubado tudo que haviam conseguido, tais seres alegavam ter vindo do coração dos homens (D. 418. Cf. outros textos D. 1127, 1167, 1404, 1497).

Santa Faustina não recuou, mas pediu ajuda ao seu Anjo da Guarda; diante desse apelo, os espíritos maus sumiram e ela foi acompanhada por seu anjo da guarda até sua casa, o olhar do anjo "era modesto e tranquilo, e de sua fronte brotava um raio de fogo" (D. 419).

4.3. A batalha espiritual

Fechamos o nosso ciclo de reflexão sobre os anjos (da guarda, arcanjos e Satanás); esse tema que, de algum modo, é decorrente do movimento carismático/pentecostal, mas não propriamente. Houve uma busca nos elementos bíblicos para que questões relacionadas a esse tema se fundassem. Existe também muita literatura sobre esse conteúdo e muitas pessoas continuam lendo e divulgando esse assunto.

Vamos trazer também alguns aspectos dessa luta no Diário de Santa Faustina, que guarda as revelações de Cristo sobre a luta espiritual, sobre como proteger-se dos ataques do demônio. Essas instruções se tornaram a arma de Faustina contra o maligno inimigo.

Uma passagem clássica, em Apocalipse, que merece destaque é a que descreve uma batalha no céu travada por Miguel e seus anjos contra o dragão e seus anjos, na qual Satanás é derrotado e lançado à terra (cf. Ap 12,7-9).

Esse evento histórico se refere a quê, de fato? Para uns foi a derrota de Satanás e de sua desdita como ausente da presença de Deus; de acordo com uma outra interpretação, trata-se da vitória final de Cristo, ainda por ocorrer no fim dos tempos.

O contexto, entretanto, parece favorecer outra interpretação, ou seja, de que essa derrota de Satanás nas regiões celestiais, corresponde à vitória de Cristo ao morrer e ressuscitar, já que ela aconteceu "por causa do sangue do cordeiro" (Ap 12,10; cf. Jo 12,31; 16,11).

Miguel aparece como guardião de Israel, surge em Apocalipse 12,7-9 como defensor da Igreja, liderando as hostes (*exércitos*) angélicas contra Satanás e seus demônios, que procuram destruir a obra de Deus. Essas hostes não mais agem no Israel bíblico, mas em todo canto onde se encontram cristãos engajados, como se dá a entender pelas falas dos adeptos do movimento.

Aqui vale um comentário sobre as hostes angélicas. Na internet se encontram milhares de páginas de acesso aos mais variados temas ligados a isso. Certamente, essas informações acabam confundindo o leitor que não tem uma preparação científica sobre o tema.

Existe muita confusão em relação a esse assunto. Alguns místicos, carismáticos, astrólogos, adeptos da consciência cósmica e simpatizantes desses movimentos atribuem "hostes" e muitas coisas/atitudes à obra dos anjos. Criam inúmeros anjos, arcanjos e vão dando a eles poderes que não lhes são devidos. Hostes é um termo originário do latim, que designa uma tropa ou um corpo de exército. A Bíblia fala de "exércitos dos céus", "soberanias", "principados" e "potestades". Não sabemos o número dos anjos, mas sabemos que são miríades de miríades (Ap 5,11).

Há certamente uma hierarquia entre os anjos, visto que todo reino espiritual é organizado, ainda que não possamos esmiuçá-la por falta de informações bíblicas. A simples referência, por exemplo, a Miguel como "Arcanjo" (Jd 1,9) ou "um dos primeiros príncipes" (Dn 10,13) já demonstra haver uma hierarquia entre os seres angelicais[7].

A formação é para não se confundirem as funções. "Pensa-se, equivocadamente, que os serafins sejam maiores que os anjos comuns e que os querubins sejam maiores que os serafins. Serafins e Querubins são, ao que nos parece mais apropriadamente, categorias diferentes de anjos"[8].

A ideia desses movimentos que citam os anjos é de que, agora, eles servem aos servos de Deus em qualquer região geográfica do planeta onde se encontrem. Haveria, de fato, um lugar para essa batalha espiritual dentro da doutrina cristã? Seria uma espécie de exorcismo? Uma demonologia? Seria mais um fruto de imaginação?

Um movimento que não leia a Bíblia e estude melhor o caso acaba fazendo um desserviço à evangelização, pois não contribui para o crescimento de seus membros. A questão, ao se lidar com os anjos, é muito sutil e o cuidado deve ser redobrado. Não estamos tratando de fé num sentido qualquer. Estamos falando da fé e fazendo-a se tornar operativa.

---

[7] Cf. <https://www.gospelprime.com.br/a-natureza-dos-anjos-a-beleza-do-mundo-espiritual/>, acesso em: 1 set. 2022.

[8] Idem.

O cuidado que podemos invocar é sobre a separação que fazemos dos poderes angelicais. Dar um supravalor a um dos arcanjos (Miguel, Rafael e Gabriel) acaba por destronar os demais. Infelizmente, estamos vendo isso em alguns movimentos da Igreja. No conjunto da situação, é por falta de estudo e conhecimento sobre os Anjos. Aqui não é mais uma questão de fé, mas de doutrina.

Alguns círculos católicos estão supervalorizando o Arcanjo Miguel em detrimentos dos demais. Sabemos, todavia, de sua ascendência na tarefa delegada pelo próprio Deus, mas seu valor, no que se refere à proteção, é o mesmo. Atualmente, a situação ficou tão crítica que estão invocando a sua espada como símbolo de proteção e poder. Existem até movimentos desse tipo. Os excessos não contribuem com a fé cristã, apenas deturpam a doutrina e caminham para a idolatria.

Por outra parte, abundam os "ministérios" de libertação e de guerra espiritual que centram sua atenção no âmbito dos endemoninhados. Alguns têm sinalizado o aspecto de preocupação espiritual e teológico; o tema foi descuidado pela Igreja que não tem tratado de operar dentro de uma autoridade bíblica da demonologia. Contudo, tem havido quem buscasse, claramente, além do lugar legítimo, que é a Palavra de Deus, a Bíblia, algo sobre o demoníaco.

São Paulo, em sua carta aos Efésios, já nos adverte de forma severa: "Pois não é contra homens de carne e sangue que temos de lutar, mas contra os principados e potestades, contra os príncipes desse mundo tenebroso, contra as forças espirituais do mal (espalhadas) nos ares" (cf. Ef 6,11-12). Sendo assim, contra quem devemos lutar?

A batalha espiritual é uma luta travada contra nós mesmos, contra o mundo e contra o demônio. Contra nós mesmos, refere-se à batalha contra nossa concupiscência, contra nossas fraquezas, como a preguiça, a inveja, a gula etc. Contra o mundo, que hoje despeja sobre nós uma enxurrada de ideais anticristãos, como a cultura de morte, a busca incessante pelo poder, pelo possuir e pelo prazer. Em princípio, de forma sutil, essas ideias vão adentrando no nosso dia a dia e, agora, de forma escancarada, tentam roubar nossas famílias, nossos princípios, nossa moral. E, por fim, nossa batalha contra o demônio, que busca usar nossas fraquezas e deturpar o mundo para nos afastar de Deus[9].

O diabo foge da presença de Deus. Faustina derruba os inimigos.

> A essas palavras os demônios responderam todos juntos: "Fujamos, porque não está sozinha, mas com ela está o Onipotente"! E desapareceram do meu caminho como o pó, como o ruído da estrada. E eu, tranquila, terminando o *Te Deum*, ia para a cela refletindo sobre a infinita e incomensurável misericórdia de Deus (D. 320).

Muitos sites trazem inúmeros itens sobre esse tema nos textos de Santa Faustina. Devemos entender que existe uma distância muito grande entre o que ela revelava em seu Diário e o que se diz nos dias atuais sobre a batalha espiritual. A preocupação está em ler melhor e com mais cuidado o seu Diário.

Em Santa Faustina há uma manifestação natural graças à sua missão de promotora da divina misericórdia. As forças do mal, por assim dizer, não desejavam o sucesso da Irmã; a tendência de Satanás é fazer de tudo para anular a promessa e apagar o desejo da prosperidade da misericórdia.

Em meio a um retiro espiritual, em preparação à festa de Pentecostes, Jesus se revela a ela e diz:

---

[9] Cf. <pantocrator.org.br>.

Minha filha... luta sempre com profunda convicção de que eu estou contigo. Não te guies pelo sentimento, porque ele nem sempre está em teu poder, mas todo o mérito está contido na vontade. Nas mínimas coisas, sê sempre dependente das superioras. Não te iludo com perspectivas da paz e de consolos, mas prepara-te antes para grandes lutas. Fica sabendo que estás atualmente em cena e que toda a terra e o céu olham para ti. Luta como um cavaleiro, para que eu possa te recompensar. Não temas demasiadamente, porque não estás sozinha (D. 1760c).

Esse texto (n. 1760a) é uma espécie de guia majoritário de todo o seu pensamento transcrito no Diário. Disse-lhe Jesus: "Quero instruir-te sobre a luta espiritual. Nunca confies em ti, mas entrega-te inteiramente à minha vontade. No abandono, nas trevas e nas diversas dúvidas, recorre a mim e ao teu diretor. Ele te responderá sempre em meu nome".

Como muitos fazem, destaco doze dos 25 pensamentos práticos, de acordo com Jesus, sobre a batalha espiritual:

1- Nunca confies em ti, mas entrega-te inteiramente à minha vontade. Como é difícil deixar nossas pretensões e vaidades de lado!

2- Não comeces a discutir com nenhuma tentação; encerra-te logo no meu coração. A prática do silêncio é uma virtude que não tem preço diante da pretensão em desejar sempre estar certo a todo custo.

3- Na primeira oportunidade, procure o confessor. Na maioria das vezes desejamos superar as tentações simplesmente rezando, mas precisamos limpar nosso interior com a confissão.

4- Coloca o amor próprio em último lugar, para que não contagie as tuas ações.

5- Com muita paciência, suporta-te a ti mesmo.

6- Não descuides às mortificações interiores.

7- Foges dos que murmuram, como da peste. Observaram a rudez do termo para aqueles que murmuram?

8- Se experimentares dissabores, pensa antes no que poderia fazer de bom pela pessoa que te fez sofrer.

9- Não peças opinião a todos, mas do teu diretor, diante dele sê franca e simples como uma criança.

10- Cala-te quando te repreenderem.

11- Combate sempre com a profunda convicção de que estou contigo.

12- Fica, a saber, que estás atualmente em cena e que toda terra e o céu inteiro te observam.

Santa Faustina viveu intenso e constante ataque do inimigo da misericórdia, que queria afastá-la das inspirações do Espírito Santo, roubar-lhe o desejo das orações, desviá-la do caminho da santidade e, mais que tudo, queria impedi-la de escrever sobre o mistério da Misericórdia Divina – que é um convite à conversão destinado a toda humanidade[10].

Como enfrentar Satanás? (cf. Is 59,19; Ap 12,7-12). Essa, com certeza, é a questão mais importante de tudo que já vimos até agora. Vencer Satanás e toda sua hoste infernal deve ser uma constante em nossa vida. Isso é mais do que possível, só depende de nós mesmos. Deus já nos deu todos os recursos necessários para

---

[10] Szaniawski, E., *O combate de Santa Faustina contra o inimigo da Misericórdia*.

vencê-lo. Tais recursos são descritos abaixo, bem como algumas verdades para nos ajudar na luta diária. Para não ficar na teoria sobre a batalha espiritual, seguem algumas coordenadas para a meditação (com a Bíblia em mãos):

O texto-base sobre o que é batalha espiritual – Ef 6,11-18.

a) Não ter medo dele – Tg 4,7.

b) Consciência do poder de Jesus – Mt 28,18.

c) Conhecer e aproveitar os conselhos da Palavra de Deus – Cl 3,16.

d) Vida constante de oração – 1Ts 5,17.

e) Conhecer e fazer a vontade de Deus – submissão – Rm 12,2.

f) Resistir ao diabo – fazer uso da Palavra – Mt 4,4; Tg 4,7.

g) Crer na autoridade do nome de Jesus – At 4,12; Fl 2,5-11.

h) Pedir sempre discernimento a Deus – 1Cor 12,10.

i) Não confiar em si mesmo – 1Cor 10,12.

j) Manter em dia as contas curtas com Deus – 1Jo 1,9.

k) Ter convicção da vitória de Cristo na cruz – Cl 2,15.

l) Saber que Jesus veio desfazer todas as obras de Satanás – 1Jo 3,8.

m) Em casos de possessão, mantenha os olhos abertos, em espírito de oração.

n) Não atenda aos pedidos do possesso.

o) Tente levar a pessoa à conversão – Jo 8,32.36.

p) Não use a força física.

q) Pregue sempre a Palavra – 2Tm 4,2.

r) Revista-se da armadura de Deus – Ef 6,11-18.

Descrevemos algumas atitudes frente às circunstâncias e, a seguir, anotaremos o modo de proceder diante dessas dificuldades.

O modo mais correto será relativo à necessidade de uma vida cheia do Espírito – Ef 5,18. A espiritualidade ativa é sempre básica para a reflexão. Na maioria das vezes somos "atacados" por falta dessa sensibilidade espiritual.

Ser cheio do Espírito deveria ser algo normal em nossa vida. Infelizmente, isso nem sempre acontece, não temos tempo para Deus! O mundo seria bem diferente se todos os cristãos estivessem repletos do Espírito a cada dia, anulando por completo as obras da carne. Isso não é uma questão de escolha, é uma necessidade. Como isso é possível a simples mortais como nós?

Vejamos:

a) Sabendo que essa é a vontade de Deus – Ef 5,18.

b) Sabendo que o Espírito já está em nós. "Não entristeçais o Espírito Santo de Deus, com o qual fostes marcados, como por um sinal, para o dia da redenção" (Ef 4,30). Existem pessoas que vivem buscando o Espírito Santo. Muitos movimentos pregam isso e confundem as pessoas.

c) Submetendo-se ao domínio do Espírito – obedecer – Ef 5,22-24.

d) Esvaziando-se das obras carnais – Gl 5,24.

e) Praticando os frutos do Espírito – Gl 5,22.

f) Mantendo uma vida de oração – 1Ts 5,17.

g) Meditando sempre na Palavra de Deus – Sl 1; 2; 119.

O papa Francisco fala em discernimento. Nessa batalha espiritual não estamos sozinhos. "Mas é necessário pedir ao Espírito Santo que nos liberte e expulse aquele medo que nos leva a negar-lhe a entrada em alguns aspectos de nossa vida", conclui Francisco. "Aquele que pede tudo, também dá tudo". O Deus de Francisco "não quer entrar em nós para mutilar ou enfraquecer, mas para levar à perfeição" (No capítulo final de *Gaudete et exsultate*).

As tentações são bem-sucedidas quando nos afastamos da cruz (Santo Inácio). A cruz é o indicativo que deve nos preencher de forma que o demônio não encontre brecha para se autopromover. Disse-lhe Jesus:

> Minha filha, medita com frequência sobre os sofrimentos que por ti suportei, e nada do que sofres por mim te parecerá grande. Tu me agradas mais quando meditas sobre a minha dolorosa Paixão. Une os teus pequenos sofrimentos com a minha dolorosa Paixão, para que tenham valor infinito diante de minha majestade (D. 1512, cf. 813, 848, 965).

O conselho de Pedro: "Sede sóbrios! Vigiai! Vosso adversário, o Diabo, ronda qual leão a rugir buscando a quem devorar" (1Pd 5,8). Há muitos erros sendo cometidos entre os cristãos quando o assunto é batalha espiritual. No geral, esses erros podem ser classificados em duas vertentes: subestimação e supervalorização da ação demoníaca em nossa vida.

Veja o conselho transmitido por Faustina: "Minha filha, quero instruir-te sobre a luta espiritual. Nunca confies em ti, mas entrega-te inteiramente à minha vontade. No abandono, nas trevas e em diversas dúvidas, recorre a mim e ao teu diretor..." (1760).

3
O PEQUENO DEVOCIONAL PARA SANTA FAUSTINA

O que é um devocional?

O nome já nos indica: uma forma simples de rezar diante de uma imagem ou quadro mental que podemos produzir. Pode ser um modo constante de oração sendo algumas de forma comum. Todo devocional tem algo de corriqueiro: o hábito de se repetir as mesmas orações ou práticas devocionais. Por exemplo, há devotos que têm o hábito de visitar os santuários, fazer os mesmos tipos de orações etc.

O devocional cristão é uma forma de nutrir a vida espiritual. Podemos definir, então, que ele é o período de tempo que uma pessoa separa para se dedicar aos assuntos espirituais, ou seja, investir em momentos de contato com o divino ou de cuidado com sua alma.

Toda vida deve ser vida de oração, mas devemos separar algum tempo para reflexão de forma mais planejada e constante. A primeira dica é separar um tempo e um lugar para praticar o devocional. As constantes atividades do dia a dia consomem grande parte de nossas horas, portanto, quando esse momento não é colocado no planejamento diário, é possível que ele seja deixado de lado.

Devocional é um tempo que você separa para estar com Deus. Há três indicações para sua prática.

5.1. Quando fazer

O momento ideal são as primeiras horas do dia, embora isto não anule o valor de um devocional feito à noite, por exemplo. Uma indicação de Jesus: "Mas, quando rezares, entra em teu quarto, fecha a porta e reza a teu Pai que está presente até em lugar oculto. E teu Pai, que vê o que fazes ocultamente, te dará a recompensa" (Mt 6,6).

Uma coisa é certa: para os santos fica bem claro que a oração não é uma realidade facultativa da vida. São João Crisóstomo diz: "Nada se compara em valor à oração; ela torna possível o que é impossível, fácil o que é difícil. É impossível que caia em pecado o homem que reza". É uma afirmação bem forte, mas a de Santo Afonso Maria de Ligório é mais ainda: "Quem reza certamente se salva; quem não reza certamente se condena".

Santa Faustina escreve:

> É pela oração que a alma se arma para toda espécie de combate. Em qualquer estado em que se encontre, a alma deve rezar. Tem que rezar a alma pura e bela, porque de outra forma perderia a sua beleza; deve rezar a alma que está buscando essa pureza, porque de outra forma não a atingiria; deve rezar a alma recém-convertida, porque de outra forma cairia novamente; deve rezar a

alma pecadora, atolada em pecados, para que possa levantar-se. E não existe uma só alma que não tenha a obrigação de rezar, porque toda graça provém da oração (D. 146).

Fica a pergunta: Quanto tempo deve-se rezar por dia? Cinco minutos? Meia hora? Uma hora? Qual é o tempo aconselhável? Existe um limite? O Catecismo lembra: "Em todo o tempo, se não se orar em certos momentos, voluntariamente: são os tempos fortes da oração cristã, em intensidade e duração" (CIC 2697). O conselho de Jesus é a de oração a todo tempo.

A oração, no entanto, deve ser ensinada e catequizada. "A catequese tem a missão de educar à oração e na oração, desenvolvendo a dimensão contemplativa de experiência cristã" (cf. *Diretório Geral Para a Catequese*, 86-87).

5.2. Onde praticar

Há um lugar específico para se praticar o tempo de devoção diária? Assim como ocorre com a escolha do momento do dia, o lugar do devocional não está vinculado à única ordem ou programação bíblica. Além de saber que devemos ter o período devocional diário (e matinal) com Deus e conhecer algumas práticas indispensáveis a este momento, devemos também compreender a importância da quietude e da privacidade que devem estar presentes neste momento.

Alguns preferem ir à igreja em períodos do dia, quando há mais silêncio, fora dos momentos litúrgicos (missa). Outros vão a montes (quando existem), a oratórios, santuários ou outros espaços como cemitério, capela hospitalar etc.

Em linguagem mais coloquial e familiar, os momentos adequados de oração estariam na própria casa:

> Na *entrada* – é muito bonito fazer uma pequena oração de agradecimento ao chegar a casa [...]. Na *cozinha* – cozinhar é um ato de amor, de doação [...]. À *mesa* – compartilhar o pão é sinal de fraternidade [...]. No *quarto* – a solidão de cada um é um lugar de encontro com o Pai [...]. No *chuveiro* – sim, no chuveiro! Tomar banho é um ato de satisfação, força e prazer. Sentir a água nos faz sentir vivos e nos dispõe a descansar ou a começar bem o dia. A água lava, cura, refresca, aquece[1].

Conta-se que Dom Helder levantava-se de madrugada para orar na capela. Santa Faustina, no entanto, não tinha horário fixo para orar além dos normais da vida conventual e às quinze horas. Semelhante a São Bento, para quem toda hora era hora de oração, Santa Terezinha é um modelo de oração. Ela diz: "Nunca passei mais de três minutos sem pensar em Deus"![2]

Santa Faustina, na tribulação asseverou-nos uma confissão: "A paciência, a oração e o silêncio – eis o que fortalece a minha alma. Há ocasiões em que a alma deve calar-se e não lhe convém conversar com as criaturas..." (D. 944).

5.3. O que fazer

O que fazer quando nos preparamos para este período devocional? Algumas coisas são importantíssimas e inegociáveis para

---

[1] Cf. <https://ecclesia.blog.br/5-lugares-simples-e-poderosos-para-rezar-na-sua-casa-ae4afd5ffc61>, acesso em: 1 set. 2022.

[2] Gasques, J., *Santa Teresinha – história de uma pequena flor*, Loyola, 2019, 134 páginas. Santa Teresinha é interessada em sempre rezar. Conferir: oferecimento do dia, 65 e seguintes.

esta prática, outras podem mudar conforme cada pessoa ou ocasião. Consideram-se essenciais: 1. Meditação bíblica; 2. Oração e 3. Adoração.

Algumas instruções para o momento de oração:

Tenha sempre uma vida de oração; quando for orar, tenha humildade e entendimento do propósito da oração; tenha cuidado com as "fórmulas de oração", use suas palavras para se comunicar com Deus; saiba direcionar a oração para a pessoa certa (o santo ou particular); tenha consciência de sua oração e de sua condição como criatura pecaminosa; ore com fé e aceite a vontade de Deus; ore com perseverança e fervor no coração; ore tendo consciência de que esse momento é um privilégio e tenha em vista a grandeza e liberdade de Deus[3].

Cuidado para não se iludir com as devoções "modernas" que aparecem a todo instante. Sempre aparece alguém propondo o devocional da hora. Nas últimas décadas surgiram muitos modelos inadequados à doutrina ou suspeitos. Em geral, o princípio é válido, mas a dinâmica e o conteúdo são sem sentido.

Nesse momento de oração o ideal é ter um livro de oração ou a Bíblia. A oração do terço é um ótimo devocional para todos os momentos.

O Catecismo lembra: "Deus não se cansa de chamar cada um, pessoalmente, para o encontro misterioso com ele. A oração é [...] como um apelo recíproco entre Deus e o homem" (CIC 2591).

---

[3] Cf. <https://www.awebic.com/como-orar-a-deus-corretamente-voce-pode-estar-orando-errado-e-nao-sabe/>, acesso em: 1 set. 2022.

Ato de consagração do mundo à Divina Misericórdia

Deus, Pai misericordioso que revelaste o teu amor no teu Filho Jesus Cristo e o derramaste sobre nós no Espírito Santo consolador, confiamos-te hoje o destino do mundo e de cada homem. Inclina-te sobre nós, pecadores, cura a nossa debilidade, vence o mal, faz com que todos os habitantes da terra conheçam a tua misericórdia para que em ti, Deus Uno e Trino, encontrem sempre a esperança. Pai eterno, pela dolorosa Paixão e Ressurreição do teu Filho, tem misericórdia de nós e do mundo inteiro. Amém!

Oração à Mãe da Misericórdia

Ó Senhora minha, Santa Maria! À vossa graça, à vossa especial vigilância e misericórdia hoje, todos os dias e na hora da minha morte recomendo o meu corpo e a minha alma. Todas as minhas esperanças e os meus consolos, todas as aflições e sofrimentos, a vida e o fim da minha vida confio a vós, para que pelos vossos méritos todos os meus atos sejam praticados e guiados segundo a vontade vossa e de vosso Filho. Amém.

Pela intercessão de Santa Faustina

Ó Jesus, que confiastes em Santa Faustina, grande devota da tua misericórdia, concede-me, por tua intercessão e segundo tua santíssima vontade, a graça (fazer o pedido) que peço confiante.

Peço-te essa graça pelo merecimento e intercessão de Santa Faustina, escolhida por ti, como confidente e apóstola. Mas, sobretudo, peço por tua dolorosa paixão, ó Rei da Misericórdia, e já agradeço confiando em ti.

Rezar: 1 Pai-nosso, 1 Ave-Maria, 1 Glória ao Pai.

Pelas almas do purgatório

Misericordiosíssimo Jesus, que disseste que quereis misericórdia, eis que estou trazendo à mansão do vosso compassivo Coração as almas do purgatório, almas que vos são mais queridas e que, no entanto, devem dar reparação a vossa justiça. Que as torrentes de sangue e a água que brotaram do vosso Coração apaguem as chamas do fogo do purgatório, para que também ali seja glorificado o poder da vossa misericórdia (D. 1227).

Oração pela Igreja e pelos sacerdotes

Ó meu Jesus, peço-vos por toda a Igreja; concedei-lhe o amor e a luz do Espírito Santo, dai força às palavras dos sacerdotes, para que os corações mais endurecidos se enterneçam e voltem a vós, ó Senhor. Senhor, dai-nos santos sacerdotes! Sustenta-os vós mesmo na santidade! Ó divino e Sumo Sacerdote, que o poder de vossa misericórdia os acompanhe em toda parte e os defenda das armadilhas e dos laços do demônio, que ele arma incessantemente para as almas deles. Que o poder de vossa misericórdia, Senhor, destrua e aniquile tudo aquilo que possa obscurecer a santidade do sacerdote, porque vós tudo podeis (D. 1052).

Novas formas de devoção à Divina Misericórdia

- A imagem de Jesus misericordioso: No dia 22 de fevereiro de 1931, Jesus Cristo apareceu a Irmã Faustina numa cela do convento de Plock (Polônia) dizendo que pintasse uma imagem; na visão, apresentou a ela um modelo (números 47-49 do Diário).

- A festa da Divina Misericórdia: "A minha misericórdia é tão grande que, por toda a eternidade, nenhuma mente, nem humana, nem angélica a aprofundará" (D. 699).

- As dúvidas: "Ainda que a alma esteja em decomposição como um cadáver e ainda que humanamente já não haja possibilidade de restauração, e tudo já esteja perdido, Deus não vê as coisas dessa maneira. O milagre da misericórdia de Deus fará ressurgir aquela alma para uma vida plena" (D. 1448).

- O Terço da Divina Misericórdia: Jesus Cristo ditou a Irmã Faustina o Terço da Misericórdia Divina em Vilnius (Lituânia), nos dias 13-14 de setembro de 1935, como uma oração para aplacar a ira divina e pedir perdão pelos nossos pecados e pelos pecados do mundo inteiro. Em uma situação em que fora acordada por uma grande tempestade e com medo, começou a rezar o terço e ouviu de Jesus: "Por ele [o Terço da Divina Misericórdia] conseguirás tudo, se o que pedires estiver de acordo com a minha vontade" (D. 1731). O leitor poderá ler, para completar, em seu Diário, os números: 687, 1541 e 811. "Devemos rezar, muitas vezes, ao Espírito Santo pedindo a graça da prudência. A prudência compõe-se de: ponderação, consideração inteligente e propósito firme. Sempre a decisão final pertence a nós" (D. 1106).

- A hora da misericórdia: Em outubro de 1937, em Cracóvia (Polônia), Jesus Cristo recomendou que fosse honrada a hora de sua morte e que, ao menos por um instante de oração se recorresse ao valor e aos méritos de sua paixão. Pode-se ler no Diário os números: 872 e 1182.

- Divulgação da devoção da Divina Misericórdia: "Deves mostrar-te misericordiosa com os outros, sempre e em qualquer lugar. Tu não podes te omitir, desculpar-te ou justificar-te. Eu te indico três maneiras de praticar a misericórdia para com o próximo: a primeira é a ação, a segunda a palavra e a terceira a oração. Nesses três graus repousa a plenitude da misericórdia, pois constituem uma prova irrefutável do amor por mim. É deste modo que a alma glorifica e honra a minha misericórdia" (D. 742). "Hoje estou enviando-te a toda a humanidade com a minha misericórdia. Não quero castigar a sofrida humanidade, mas desejo curá-la, estreitando-a ao meu misericordioso coração [...]. Antes do dia da justiça, estou enviando o dia da misericórdia" (D. 1588).

- Diversidade devocional: O Salvador deseja que o mundo inteiro conheça as novas formas do culto da Divina Misericórdia e as promessas a ele relacionadas que ele prometeu cumprir com a condição de nossa confiança na bondade de Deus e de misericórdia diante dos semelhantes. Nesses últimos anos, tem surgido a "devoção" das *mil misericórdias*, que está entre as diversas formas de culto à Divina Misericórdia – assim se interpreta – como a festa e o terço da Divina Misericórdia, mas é bom entender que não existe nenhuma relação com as mensagens de Santa Faustina. Muitas pessoas estão confundindo o devocional e criando opções que não estão no Diário; outras estão promovendo "cenáculos" sobre isso. Não é confortável ouvir e ver essas coisas acontecendo em nome do devocional, além daquilo que Jesus revelou à Santa Faustina (sem freio o carro não para!).

Textos para se completar a leitura no Diário: 1317, 1074-1075, 1521, 754, 1541, 1731. Todos os escritos indicados trazem a promessa de Jesus para quem rezar o terço por ele instituído. Nenhuma menção além disso!

Aos que desejarem fazer a novena à Divina Misericórdia poderão encontrar, no Diário, todo o material para os nove dias ("...que Jesus me mandou escrever e rezar antes da festa da misericórdia. Começa na sexta-feira santa" [D. 1209]).

Embora longo, esse é o caminho. Nos números 1210-1229 está todo o conteúdo do novenário.

Conclusão

Estamos chegando ao final deste livro. Temos dado destaque especial aos anjos de forma geral (Anjo da Guarda, arcanjos e Satanás) que Irmã Faustina tratava em seu Diário e podemos admirar em seus escritos.

Devemos observar os textos sobre a intervenção dos anjos em sua vida, mas fiquemos atentos à presença maligna dos demônios que surgiram para atormentá-la.

O fato se passou em uma celebração de sábado santo (D. 415). Faustina lembra que, na sexta-feira santa, às três horas da tarde, ao adentrar à capela, ouviu as palavras de Jesus recomendando: "Desejo que a imagem seja venerada publicamente" (D. 414). Teve uma estupenda visão do Cristo misericordioso e do seu coração, que emitia os mesmos raios luminosos, tal como fora descrita sua imagem tempos atrás.

Depois, ao deitar-se, voltou a sentir as mesmas monções anteriores, quando Jesus sobrevoou a cidade repleta de fios e redes e cortou e retirou essas redes, fazendo o sinal da cruz e desaparecendo (cf. D. 416).

Apesar da beleza, contempla a "multidão de figuras raivosas e inflamadas de grande ódio para comigo. De suas bocas saíam muitas ameaças, mas nenhuma delas me atingiu" (idem). "Satanás está furioso", descreve.

O seu testemunho parece retroagir à sexta-feira santa (cf. D. 417). Depois do sermão do Pe. Miguel Sopocko, retorna à sua casa[1].

De acordo com sua descrição que já comentamos anteriormente:

> Quando terminou o sermão, não esperei pelo final da cerimônia, porque tinha pressa de regressar à casa. Mas mal havia dado alguns passos, surgiu diante de mim uma multidão de demônios que me ameaçavam com suplícios terríveis e podiam ouvir-se vozes: "Ela nos roubou tudo aquilo que conseguimos com o trabalho de tantos anos". Quando lhes perguntei: "Donde vindes em tão grande número?" Responderam-me essas figuras maldosas: "Dos corações dos homens, não nos atormente" (D. 418).

O demônio não se conteve frente à testemunha da misericórdia; estava diante de sua secretária. Desejava tirar a paz e o sossego de sua alma. Essa é a função de Satanás. Ele veio para decompor os esponsais divinos com aqueles que desejam o matrimônio espiritual com o seu Senhor.

> Vendo o seu terrível ódio para comigo, pedi ajuda do Anjo da Guarda e imediatamente surgiu diante de mim sua clara e luminosa figura, que me disse: "Não tenhas medo, esposa de meu Senhor, esses espíritos não te poderão fazer mal sem a permissão dele". Imediatamente desapareceram os espíritos malignos, e o fiel Anjo da Guarda me acompanhou de maneira visível até a casa. Seu olhar era modesto e tranquilo, e de sua fronte brotava

---

[1] Pe. Miguel Sopocko era seu diretor espiritual. Trata-se aqui da imagem de Jesus misericordioso com os raios – pálido e vermelho – pintada por Eugeniusz Kazimirowski em Vilna. Essa imagem estava exposta para veneração pública em Ostra Brama, para o encerramento do jubileu da redenção do mundo nos dias 26-28 de 1935 (cf. D. 420 e 1).

um raio de fogo. Ó Jesus, eu desejaria trabalhar, ser atormentada e sofrer a vida toda por esse único momento em que vi a vossa glória e o proveito das almas (D. 419).

Faustina encontrou muita dificuldade para ser aceita no convento; encontrou-o "na véspera da festa de Nossa Senhora dos Anjos" (D. 17 e 20). Foi o momento em que se abriram para ela as portas do convento. Sentiu como se entrasse no paraíso; seu coração se agitava de tanta alegria! Era uma moça decidida, mas frágil na saúde. As enfermidades apareciam de forma singular. Tinha uma vida agitada e uma saúde precária.

Começaram muitas dúvidas e indecisões. O convento não lhe pareceu ser o ideal que buscava (D. 18). Contudo, Jesus veio ao seu encontro e a socorreu de forma filial: "...chamei-te para este e não para outro lugar e preparei muitas graças para ti" (D. 19).

Então ela recorreu a seus protetores. Santa Faustina rezou a Deus e ele lhe respondeu por meio do Anjo da Guarda que fora enviado por Deus. Com isso ela aprendeu que tratar com os anjos da guarda não ofende a Deus, pois o anjo, sendo um "Servo do Senhor", é, primeiramente, fiel a ele. Entre os santos Anjos e Deus não há competição (cf. D. 1174).

Os anjos não somente a protegiam na vida de oração, nos cuidados da casa e com as irmãs, mas também em suas tarefas e viagens eles estavam presentes protegendo a serva da misericórdia. Certa vez escreveu essa experiência em seu Diário:

> Vi o Anjo da Guarda, que me acompanhou na viagem até Varsóvia e só depois de entrarmos no portão é que desapareceu. [...] Em Varsóvia, embarcamos no trem para Cracóvia e novamente vi meu Anjo da Guarda a meu lado, absorvido em oração e contem-

plando a Deus e o meu pensamento o acompanhava e quando passamos pelo portão do Convento, desapareceu (D. 490).

A sua missão era grande e, certamente, deveriam ser enormes as tentações, as invejas e os ciúmes. Satanás não se apraz com o sucesso dos filhos de Deus. Ele deseja o fracasso e a decadência. Faustina já havia se queixado com o Senhor sobre a sua desolação e perguntado a Jesus: "...como podeis deixar-me sozinha? Eu sozinha não darei nem um passo adiante" (D. 1160).

Jesus a acolheu em sua misericórdia, mas ela desejava compartilhar com outros da sua angústia. Jesus a repreendeu dizendo para não contar os dons que lhe havia concedido (cf. D. 1163) e também disse: "Não temas, minha filha, mas sê fiel apenas à minha graça...".

E nessa situação de certa fraqueza, Satanás entrou em cena...

> Confessou-me Satanás que sou objeto do seu ódio. Disse-me: "Mil almas me causam menos prejuízo do que tu, quando falas da grande Misericórdia do Todo-poderoso. Os maiores pecadores adquirem confiança e voltam para Deus, e eu", continua o espírito mau, "perco tudo". Mas, além disso, persegue a mim mesmo com essa insondável Misericórdia do Todo-Poderoso (D. 1167).

Havia uma batalha espiritual travada com Satanás que não a deixava sossegada, ela clamava a presença dos anjos para socorrê-la naquele instante e de pronto veio a resposta: "Vendo seu terrível ódio para mim, pedi ajuda do Anjo da Guarda e imediatamente surgiu diante de mim sua clara e luminosa figura, que me disse: 'Não tenhas medo...'" (cf. D. 419).

O apóstolo Paulo menciona os Anjos como testemunhas da vida humana: "Diante de Deus, de Cristo Jesus e dos santos anjos, peço-te religiosamente que obedeças a estas ordens, sem preconceito nem favoritismo" (1Tm 5,21; cf. Jo 16,7-11).

No seu Diário, quando ela escreve sobre os "anjos" nem sempre o faz em referência ao Anjo da Guarda. Seriam, porventura, todos os anjos seus anjos da guarda? Seria, por acaso, um "Anjo Companheiro" em virtude de missão tão especial? (cf. São Pedro Canísio). Não sabemos ao certo onde estaria a diferença.

Podemos lembrar do encorajamento de Pe. Pio a Raffaelina:

> ...Nas horas em que você parece estar sozinha e abandonada, não reclame por não ter uma alma amiga a quem você pode entregar a si mesma e a quem você pode confiar seus sofrimentos. Por amor, não se esqueça deste companheiro invisível, sempre presente para ouvi-la, sempre pronto para consolá-la (*Cartas 1*, nº 64).

Em todas as situações concretas do dia a dia deve-se invocar a proteção dos anjos (cf. D. 1271). Este é o caso do trabalho na portaria do convento. Diante da fala de Faustina: "...como é perigoso ficar na portaria hoje em dia...", o Senhor lhe respondeu: "desde o momento em que foste para a portaria, coloquei um Querubim no portão para cuidar dele...".

O Diário de Santa Faustina também guarda as revelações de Cristo sobre o tema da luta espiritual, sobre como proteger-se dos ataques do demônio. Essas instruções se tornaram a arma de Faustina na luta contra o maligno inimigo. São Paulo já nos advertia: "É por isso que deveis revestir-vos da armadura de Deus, para que possais resistir no dia mau e, depois de tudo superar, continuar de pé" (Ef 6,13).

Jesus começou dizendo: "Minha filha, quero instruir-te sobre a luta espiritual. Nunca confies em ti, mas entrega-te inteiramente, à minha vontade" (D. 1760). Aí estão os elementos importantes para esse enfrentamento cristão; a outros são atribuídos os 25 conselhos práticos. Jesus ditou esses conselhos a Faustina, em Cracóvia (Polônia), no dia 2 de junho de 1938.

Podemos observar, de forma resumida, alguns conselhos: nunca confies em ti, mas entrega-te inteiramente à minha vontade; a confiança é uma arma espiritual; na desolação, nas trevas e diversas dúvidas recorre a mim e ao teu diretor espiritual, ele te responderá sempre em meu nome; não comeces a discutir com nenhuma tentação, encerra-te logo no meu coração; foge dos que murmuram, como da peste, a língua é uma poderosa embarcação que pode causar muito dano; se experimentares dissabores, pensa antes no que poderias fazer de bom pela pessoa que te faz sofrer.

Ser um canal da misericórdia divina é uma arma para fazer o bem e derrotar o mal. O diabo trabalha usando o ódio, a raiva, a vingança, a falta de perdão. Muitas pessoas já nos ofenderam. O que devolveremos em troca? Responder com uma bênção destrói maldições. E assim se vai caminhando em busca da perfeição e ao encontro da misericórdia (cf. forma resumida no número 1760 do Diário).

Sobre a luta espiritual o Senhor a instruiu: "Lute como um cavaleiro, para que eu possa te recompensar. E não temas demasiadamente, porque não estás sozinha" (ibid.). As palavras do Senhor a Santa Faustina podem se transformar em nosso lema: "Lute como uma guerreira!" (ibid.). Um soldado de Cristo sabe bem a causa pela qual luta e a nobreza de sua missão; conhece o rei ao qual serve e luta até o final, com a abençoada certeza da vitória (ibid.).

Observando o cenário pelo ponto de vista moral, podemos afirmar que, por detrás desse cenário está a questão do mal como desafio à nossa fé cristã. Frei Nilo Agostini comenta que "o ser humano quer ser feliz... Sente-se impelido a construir algo e, com incansável ardor, a buscar o sentido da vida"[2]. "Caímos num desequilíbrio do que é vital."[3]

Não podemos, também, atribuir tudo às tentações e ações do demônio. Temos de reagir às práticas satânicas. Faustina reagia e pedia a intervenção dos santos anjos para sustentar a sua decisão. Assim Jesus lhe respondia aos apelos: "Não te iludo com a perspectiva de paz e de consolos, mas prepara-te antes para grandes lutas. Fica sabendo que estás atualmente em cena e que a terra e o céu todo olham para ti. Luta como um cavaleiro, para que eu possa te recompensar. Não temas demasiadamente, porque não estás sozinha" (D. 1760).

Podemos observar, assim, as duas grandes lutas ou batalhas: as da terra e as do céu. Esse era o cenário perturbador da "secretária" da divina misericórdia, mas Jesus estava no volante da sua vida. Faustina tinha consciência da batalha e também a consciência da presença dos Anjos da Guarda.

É como entender que Deus não nos abandona nas dificuldades. Na maioria das vezes, o livramento não é tranquilo, mas perturbador. Faustina sabia que o sofrimento é adequado às nossas forças e decide: "...vou me unir estreitamente com a Paixão de Nosso Senhor, pedindo a graça para as almas agonizantes, para que a misericórdia de Deus as envolva nesse importante momento" (D. 1762).

Enfim, focamos a nossa atenção sobre os anjos na direção dos escritos de seu Diário. O Diário foi o nosso centro de atenção em que buscamos as informações necessárias para desenvolver o pensa-

---

[2] Agostini, N., *Moral Fundamental – iniciação à teologia*, Vozes, 2019, 325 páginas. Capítulo I: o mal desafia a nossa fé e nos pede respostas (211ss).

[3] Idem, 214.

mento neste livro. Os anjos foram a tônica que nos motivou a escrever esse livro.

O leitor deve ter observado como estendemos aqui o assunto sobre os anjos. Foi proposital. A compreensão sobre os anjos é de justiça à fé. Não podemos ter ideias vagas a respeito dos santos anjos. Temos observado que muitas pessoas falam, pregam e fazem comentários sobre os anjos, mas distantes da Revelação, da Tradição e do Catecismo (do Magistério).

Não queremos isso para nós. Quando lermos o Diário de Santa Faustina teremos em mente o que ela refletia sobre os anjos, bem como a questão bastante controversa sobre o demônio, Satanás e anjos caídos, que tanto incomodam os cristãos. A falta de orientação e de catequese levam as pessoas ao desencontro e elas percebem demônios onde não existem.

De vez em quando surgem aqueles que desejam o exorcismo (desalojar espíritos) a todo custo. Dizem que algum padre recomendou que se buscasse um exorcista e que o problema seria uma questão de demonologia. Assim, as pessoas acabam confusas e não sabendo mais o que fazer e qual direção tomar na vida; e o padre, muitas vezes desinformado, acaba dando opinião equivocada.

Outras vezes a desinformação leva as pessoas a centros espíritas para se livrarem de seus males.

Muitas paróquias, com intenção de ajudar os fiéis e os confortar, promovem uma benção, uma unção e às vezes um pequeno exorcismo utilizando-se de cruzes, velas, água benta e orações.

Outros alegam que o povo está sofrendo bastante e precisa de um momento de consolação espiritual. Em nome da seriedade da fé, seria bom que isso não fosse feito. Não somos pelo consolo sem conteúdo de fé e sem uma luz na liturgia. Os sacramentais devem ser revistos em nossas comunidades paroquiais.

Um fato curioso se encontra no número 320 do Diário de Santa Faustina. Ela diz que os demônios são como cães que ladram demasiadamente, mas não mordem e desaparecem como o pó!

Em geral, na oração de exorcismo se evoca o arcanjo São Miguel, Maria e a milícia celeste. Claro que tudo emana de Deus onipotente. Satanás está em "hora alta" atualmente. Fala-se muito sobre a sua ação e, para muitos, a ação do inimigo é vertiginosa[4].

Os demônios não são os únicos responsáveis pelos males no mundo. As curas podem ocorrer por meio de dos exorcismos ou acontecer depois deles. A incapacidade de se ouvir a palavra de Deus pode ser culpa atribuída a Satanás, mas também ao esquecimento ou à distração das pessoas (Mc 4,15-19). Não se pode atribuir todas as nossas mazelas às forças satânicas; temos grande parte nesses desvios de conduta.

A história da Igreja e a devoção aos Anjos da Guarda remontam há muitos séculos, mas o dia especial de devoção a eles foi determinado como sendo o dia 29 de setembro, festa de São Miguel Arcanjo. Em 1941, em Valência, na Espanha, foi preparado um ofício divino, e, no século seguinte, a devoção aos Anjos da Guarda espalhou-se em Portugal, onde um padre franciscano, Giovanni

---

[4] Gasques, J. No livro *Santa Faustina: a mística da misericórdia,* tratamos de questões mais extensas como purgatório, inferno e as referências sobre esses temas no Diário; abordamos alguns aspectos sobre a vida de Faustina, a situação da Polônia e as circunstâncias da Igreja naquela época. Aqui, apenas anotamos as questões que envolvem a presença dos santos Anjos e seus asseclas, além dos inimigos dos filhos de Deus. Os demônios incomodam pela carência de fé e de doutrinação das pessoas. Estamos fazendo uma leitura sobre os Anjos de forma a trazer informações confiáveis.

Colombi, preparou outro ofício divino mais detalhado, aprovado pelo papa Leão X, em 1518.

Quando, mais tarde, esta devoção se espalhou pelo império austríaco, o papa Clemente X estabeleceu, em 1670, que o dia 2 de outubro fosse um dia especial, a festa aos Santos Anjos da Guarda[5].

Na Inglaterra, desde o ano 800, acontecia uma festa dedicada aos Anjos da Guarda e, a partir do ano 1111, surgiu uma linda oração, apresentada a seguir. Da Inglaterra, essa festa se estendeu de maneira universal depois do ano 1608, por iniciativa do sumo pontífice da época[6].

> Anjo do Senhor – que por ordem da piedosa providência Divina, sois meu guardião – guardai-me neste dia (tarde ou noite); iluminai meu entendimento; dirigi meus afetos; governai meus sentimentos para que eu jamais ofenda ao Deus e Senhor. Amém[7].

Pensar sobre os anjos é muito bom e necessário, mas não podemos desvirtuar a doutrina. Os anjos são nossos mensageiros e companheiros de caminhada no dia a dia. Certa vez, Faustina, privada da eucaristia e desassossegada com os sofrimentos do corpo e da alma, se coloca na vontade de Deus e um Anjo a consola. Ela então diz: "Fiquei surpreendida, mas isso também me deu forças" (D. 1202). Os anjos são nossos companheiros inseparáveis, sempre vigilantes às nossas necessidades.

---

[5] Parente, A., *Padre Pio e os Anjos*, sem editora e com *Imprimatur* de 2001, 148 páginas. O texto recolhe alguns fragmentos das Cartas de Padre Pio dirigida a alguns de seus admiradores com questionamentos e respostas de próprio punho. Os textos são chamados "Cartas" de Padre Pio.

[6] Cf. <https://site.ucdb.br/santos-do-dia/santos-anjos-da-guarda/78/>.

[7] Ibidem.

Em uma visão, São Bernardo (1091-1153) assim interpretou a proteção dos anjos quanto ao valor das orações: "Escrevemos com ouro as orações feitas com amor; com prata as orações feitas com fé; com tinta as orações feitas com atenção; com água, as orações feitas só com os lábios".

Que Santa Faustina nos inspire a esta devoção!

Edições Loyola

editoração impressão acabamento
Rua 1822 n° 341 – Ipiranga
04216-000 São Paulo, SP
T 55 11 3385 8500/8501, 2063 4275
www.loyola.com.br